PRINCIPES TRES-FACILES POUR BIEN APPRENDRE LA MUSIQUE,

Qui conduiront promptement ceux qui ont du naturel pour le Chant, jusqu'au point de chanter toute sorte de Musique proprement, & à Livre ouvert ;

Par le S.r L'AFFILLARD, Ordinaire de la Musique du Roy.

Nouvelle Edition, à l'usage des Dames Religieuses.

DE L'IMPRIMERIE

De J-B-CHRISTOPHE BALLARD, Seul Imprimeur du Roy pour la Musique, A Paris, ruë Saint Jean de Beauvais, au Mont-Parnasse.

M. DCC. XX II

Avec Privilege de Sa Majesté.

AUX DAMES RELIGIEUSES.

ESDAMES,

L'intention que j'ay eüë de rendre cette Methode utile à celles d'entre Vous qui veulent cultiver leur goût pour la Musique, m'a engagé à n'y rien laisser qui pût blesser la regularité inséparable de vôtre Etat. Pour y réussir, je n'ai employé que des Paroles Spirituelles sous les Airs qui doivent servir de Leçons, & j'y ai joint quelques Couplets de Cantiques, avec un Motet à deux Voix, pour la Naissance de Nôtre-Seigneur: Je souhaite avec ardeur, MESDAMES, *que ces soins puissent m'attirer l'honneur de vôtre approbation, & vous persuader que je suis avec un trés-profond respect,* MESDAMES,

Vôtre trés-humble & trés-obéissant Serviteur L'AFFILARD.

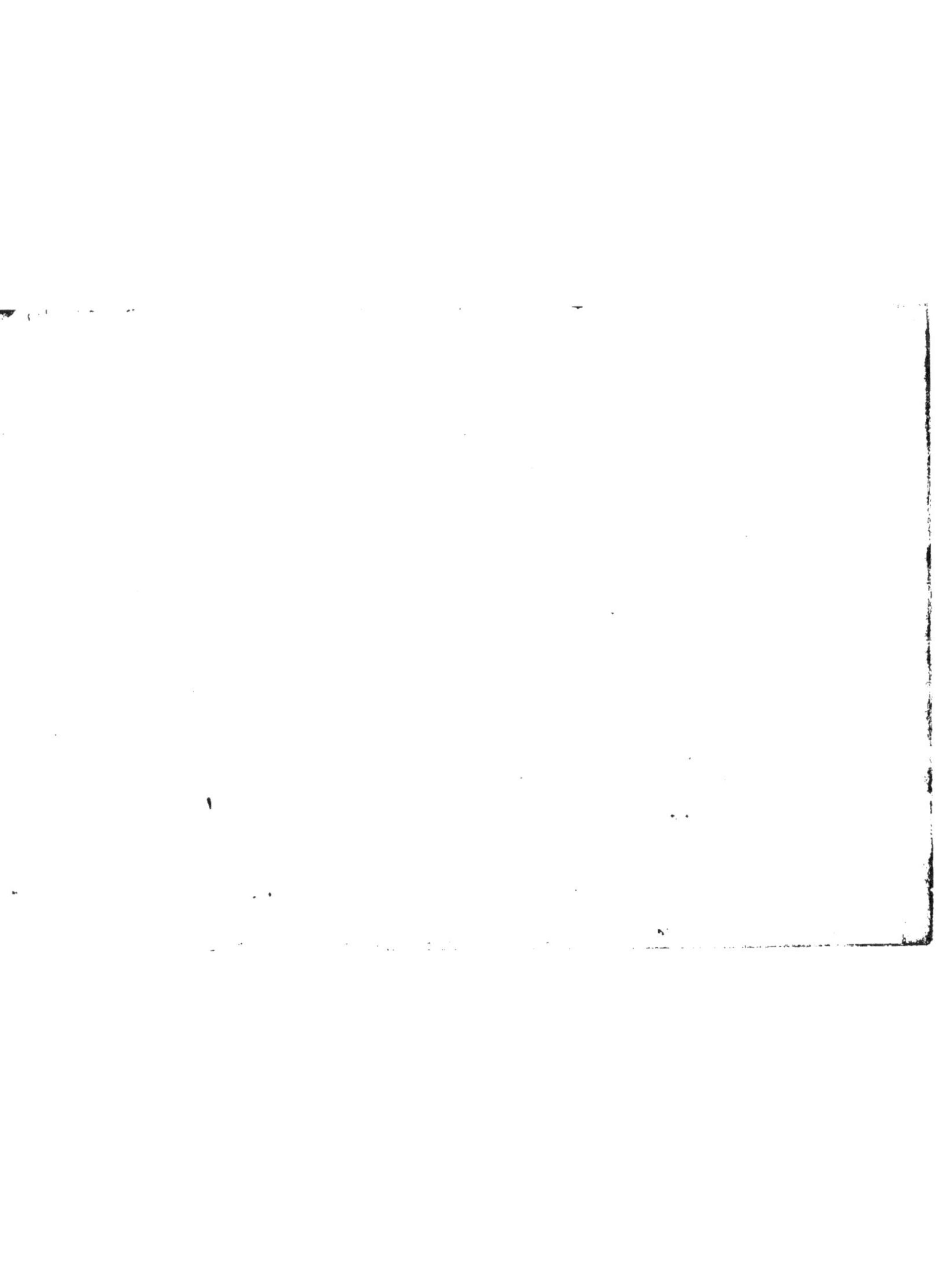

EXPLICATION des nombres qui sont au dessus des Signes, qui marquent le mouvement des Airs de cette Methode, & de l'usage qu'on en doit faire pour déterminer la durée de chaque Tems, afin de chanter ces Airs dans leur veritable mouvement.

COmme les Signes ordinaires de toutes les Mesures n'en déterminent pas absolument la durée ny celle de leurs Tems, on a ajoûté au dessus de ces Signes, certains nombres, tantôt seuls, tantôt avec un ou deux Croissants posez de differentes manieres, pour désigner de combien de Vibrations, ou de Tems la Mesure est composée.

Avant d'expliquer cette durée de Mesures, ou de Temps, il faut sçavoir qu'on la détermine par le nombre des Vibrations d'un Pendule, dont la longueur est d'une certaine quantité.

Un Pendule est une Balle de Plomb, ou d'autre métail, attachée à un fil; On suspend ce fil à un point fixe; Par exemple, à un cloud, & l'on fait faire à cette Balle des allées & des venuës qu'on appelle *Vibrations*; Chaque Vibration grande, ou petite, dure un certain tems, toûjours égal, mais en allongeant ce fil, ces Vibrations durent plus long-tems; & en le racourcissant, elles durent moins.

La durée de ces Vibrations se mesure par *tierces de Tems*, qui sont la soixantiéme partie d'une Seconde, de même que la Seconde est la soixantiéme partie d'une Minute, & la Minute la soixantiéme partie d'une Heure: Mais pour regler la durée de ces Vibrations, il faut avoir une regle divisée par tierces de Tems, & déterminer la longueur du Pendule sur ladite regle; Par exemple, les Vibrations du Pendule seront de 30. tierces de Tems, lorsque sa longueur sera égale à celle de ladite regle depuis son extremité d'en haut jusqu'à sa division 30. C'est ce que Monsieur Sauveur explique plus au long dans ses Principes nouveaux pour apprendre à chanter sur les Notes ordinaires par les noms de son Systeme général.

EXEMPLES de toutes les manieres dont l'on pose les caracteres qui determinent combien il y a de Vibrations dans chaque Mesure.

Quand le nombre n'est accompagné d'aucun caractere, il n'y a qu'une Vibration à la Mesure.

Le caractere ⌒ ainsi posé, signifie qu'il y a deux Vibrations à cette Mesure.

Le caractere (ainsi posé, signifie qu'il y a trois Vibrations à cette Mesure.

Les caracteres ⌒ ainsi posez, signifient qu'il y a quatre Vibrations à cette Mesure.

Les caracteres ( ) ainsi posez, signifient qu'il y a six Vibrations à cette Mesure.

PAR LA MESURE A DEUX TEMS.

GAMME DOUBLE, FAITE AINSI TOUT EXPRE'S pour y poser chacune des trois Clefs dans sa place veritable.

	Colonne de ♭-mol.	Colonne de ♮-carre.	
E	si	mi	
D	la	ré	
C	sol	ut	
B	fa	si	
A	mi	la	
G	ré	Sol	Clef de G ré sol
F	ut	fa	
E	si	mi	
D	la	ré	
C	sol	Ut	Clef de C sol ut
B	fa	si	
A	mi	la	
G	ré	sol	
F	ut	Fa	Clef de F ut fa

Basse. Bas-Dessus. Haut-Dessus. &c.

Disposition des trois Clefs chantées par ♭-mol.

&c.

Disposition des trois Clefs chantées par ♮ carre.

PREFACE.

PRÉFACE.

POur faciliter les moyens de bien apprendre la Muſique, j'ay pris ſoin, en composant ce Livre, de le diſpoſer de façon que l'on paſſera preſque ſans peine des choſes les plus aiſées à celles qui paroiſſent, ou qui ſont en effet les plus difficiles.

J'explique en premier lieu comment on peut apprendre à nommer ſes Notes, je donne enſuite des Leçons pour l'Intonnation, je fais le détail de la valeur des Poſes, & des Notes de la Meſure à deux tems, je fais auſſi ſucceſſivement des remarques ſur le ♭-mol, le ♮-carre, le Diézis, & ſur la valeur des Points. Sur les progrés des ſept Octaves de la Muſique; Sur les Signes de repetition, les Renvoyes, le Signe final, les Guidons, &c. Aprés ces remarques, je fais une aſſez longue Diſſertation, dans laquelle je montre les raiſons que j'ay eûës pour donner mes premieres Leçons ſur la Clef de G ré ſol par ♭-mol, plûtôt que ſur la Clef de C ſol ut par ♮-carre. Je paſſe de-là aux premieres Leçons, & aux plus faciles pour commencer à battre la Meſure; j'y en mêle quelques-unes de Triple ſimple dans l'opinion que j'ai qu'il faut, par préference, s'exercer d'abord ſur ces deux ſortes de Meſures, d'autant que c'eſt ſur elles que ſe font la plûpart des Airs de mouvement. Enfin je donne en paſſant, des avis ſur les Agréments du Chant, & des moyens de s'en faire une idée nette & generale, aprés quoi je poursuis par degrez jusqu'aux Leçons les plus difficiles de la Mesure à deux tems, je donne des Exemples de la maniere dont on peut battre toutes les Notes, soit à deux tems, soit en Triple simple, soit en Triple mineur, soit à six tems legers; Enfin, je donne des modéles de la plûpart des Airs de mouvement qui se composent aujourd'huy par la Mesure à deux tems.

Delà je passe au Triple double, & successivement du Triple double au Triple simple, & au Triple mineur; Je traite ensuite la Mesure à quatre tems graves, la Mesure à quatre tems legers, la Mesure à six quatre, & la Mesure à six huit; De sorte que l'on trouvera dans toute cette suite de Mesures differentes, & la valeur de leurs Notes que j'ay distribuées chacunes en particulier, & presque tous les Airs de mouvement qui se traitent aujourd'huy sur toutes ces Mesures; Mais ce que je crois avoir fait de mieux en cette occasion, c'est d'avoir observé deux choses assez essentielles pour rendre tout ensemble ces Airs utiles, & agreables; La premiere en les faisant reguliers autant que je l'ay pû, afin que l'on puisse, selon les occurences, s'en servir pour la Danse, ou les regarder comme modéles, quand on voudra essayer d'en Chanter, ou d'en Joüer d'autres de même espece; Et la seconde en les mettant tous, ou avec Basse-Continuë, ou à deux Parties, ou bien en Trio, sur des Parodies que l'on y a faites exprés: Circonstances, à mon avis, qui serviront à la fois pour apprendre à chanter de mouvement & en partie, & pour acquerir en même tems la facilité d'ajuster la Parole avec les Notes.

Pour continuer enfin de faire remarquer les raisons que j'ay eües de placer chaque chose dans l'endroit où l'on la trouvera, je dirai que j'ai jugé à propos de rassembler dans deux Pages successives les huit sortes de Mesures differentes que j'avois traitées auparavant, afin de les faire voir d'un coup d'œil à ceux qui n'en auroient plus qu'une idée confuse; Je fais ensuite un détail succint de quatre autres sortes de Mesures qui sont un peu moins en usage que celles que j'ai traitées dans ce Livre.

En un mot, j'ai placé vers la fin de ce Livre trois Plans que l'on trouvera peut-être assez bien imaginez; Les deux premiers sont faits pour donner une idée parfaite, & generale de toutes les Clefs, de toutes les Parties differentes, & de tous les Sons naturels de la Musique tant par ♭-mol que par ♮-carre; Et le troisiéme pour donner aussi une connoissance parfaite du rapport qu'il y a entre toutes ces Clefs, & toutes ces Parties.

Et pour ne rien obmettre, j'y donne deux Regles qui applaniront infailliblement les difficultez de toutes les Transpositions; La premiere servira pour les Transpositions qui se font avec des Diézis: & la seconde pour les Transpositions qui se font avec des ♭ mols: Ces deux Regles sont accompagnées de quantité d'Exemples qui ne seront pas inutiles pour faire comprendre plus aisément l'explication, & le raisonnement qui les précede.

Quand on aura appris par ordre ce que j'ai rassemblé dans ce Livre, on se trouvera inſenſiblement en état de chanter toute ſorte de Muſique quelque difficile qu'elle puiſſe être; mais comme ce n'eſt pas toûjours la plus difficile qui eſt la meilleure, on doit pour raiſon, faire choix de celle qui eſt la plus naturelle, & qui vient des meilleurs Auteurs afin de ne s'expoſer pas à corrompre ſon goût par de la Muſique extravagante, ou qui ſeroit d'un goût dur, & bizarre.

On aura ſoin pour l'intelligence de ce Livre, de lire exactement, & avec application tout ce qui eſt écrit au haut, au long, & au deſſous de toutes les lignes de chaque page; On voudra bien auſſi faire une attention toute particuliere au petit c. qui eſt répandu parmi les Notes de toutes les Leçons, ou Airs de ce Livre: Il ſert pour marquer l'endroit où l'on doit prendre ſon haleine, en coupant la Note qui le précede, & la feſant plus courte que ſa valeur naturelle, de peur d'être obligé de retarder le mouvement (précaution également neceſſaire pour bien chanter de meſure, & même pour chanter juſte) chacun ne ſçait-il pas que quand on manque d'haleine on ne manque jamais de baiſſer & de chanter faux? Ainſi, je conclus qu'il faut avec art ſe précautionner là-deſſus.

Si les perſonnes qui joüent des Inſtruments veulent joüer les Airs de mouvement qui ſont dans ce Livre, elles n'auront qu'à les tranſpoſer ſur le Ton qui conviendra le mieux à l'étenduë de leurs Inſtruments; Aprés cela, ſi l'on veut avoir de nouveaux Exemples pour s'exercer, auſſi portatifs que ce Livre, on pourra prendre les Reciieils des *Parodies*, des *Brunettes*, & des *Tendreſſes Bacchiques*.

EXPLICATION

De la maniere dont il faut se servir de la Gamme pour apprendre à connoître les Notes de la Musique.

CE n'est que par le secours de la Gamme, & des trois Clefs que l'on y voit, qu'on peut arriver à la connoissance des Notes de la Musique ; Il faut observer d'abord que quand il se trouve un ♭-mol immediatement aprés l'une ou l'autre des trois Clefs, pour lors on ne se sert que des noms de Notes qui sont dans la Colomne de ♭-mol de la Gamme qui est cy-devant ; au lieu que, quand chacune de ces Clefs ne se trouve point accompagnée d'un ♭ mol, en cet autre cas, on ne doit se servir que des noms de Notes qui sont dans la Colomne de ♮-carre de la même Gamme.

Cette remarque étant faite, on concevra facilement, par exemple, que, s'il se trouve un ♭ immediatement aprés la Clef d'F ut fa, pour lors la Note qui est posée sur la même ligne que ladite Clef, doit s'appeller Ut, au lieu que, s'il n'y a que la Clef ſans ♭, en cet autre cas la Note qui eſt poſée ſur cette même ligne ſe doit appeller Fa, de maniere que, ſelon la premiere remarque, on dira, voilà un ut en F ut fa par ♭-mol; & ſelon la ſeconde, on dira, voilà un fa en F ut fa par ♮-carre.

Par la même raiſon quand il ſe trouvera un ♭ auprés de la Clef de G ré ſol, pour lors la Note qui ſera poſée ſur la même ligne que ladite Clef, ſe doit appeller Ré, au lieu que, s'il ne s'y rencontre point de ♭-mol, en cet autre cas la même ſe doit appeller Sol, de maniere qu'on dira, ſelon la premiere remarque, voilà un ré en G ré ſol par ♭-mol; & ſelon la ſeconde, voilà un ſol en G ré ſol par ♮-care, & ainſi de toutes les autres Notes ſelon qu'elles ſe chanteront, ſoit par ♭-mol, ſoit par ♮-carre.

On ſe ſervira de la même regle pour la Clef de C ſol ut, dont on peut regarder les Exemples, ou cy-devant au bas de la Gamme, ou cy-aprés dans la page qui ſuit immediatement.

❧

Octaves d'Ut sur differentes positions des trois Clefs de la Musique tant par ♭-mol que par ♮-carre.

ou Demy-Ton. Demy-Ton. Demy-Ton Demy-Ton.

ut, ré, mi, fa, sol, la, si, ut; ut, si, la, sol, fa, mi, ré, ut.

Octave d'Ut pour le Haut-Dessus par ♭ mol, ou pour la Basse-Taille par ♮ carre.

ou

Octave pour le Haut-dessus par ♮carre, ou pour la Haute-Contre par ♭ mol.

ou ou

Octave d'Ut pour le Bas-dessus par ♭ mol, ou pour la Basse, & le Dessus de Violon par ♮ carre.

ou

Octave d'Ut pour le Bas-Dessus par ♮carre, ou pour la Haute-Contre par ♭ mol.

Intervalles éloignez.

Tous les Tons, ou Modes de la Musique se peuvent reduire à deux;
Sçavoir au Ton majeur, & au Ton mineur.
Le majeur procéde par une Tierce majeure, & le mineur par une Tierce mineur, en commençant à monter par la Note finale.

Valeur des Poses, & des Notes de la Mesure à deux tems.

Valeur des Poses, & des Notes de la Mesure à deux tems.

Quarts de Mesure, ou Soupirs. *Demi-Soupirs.*

Quatre Noires pour une Mesure. *Huit Croches pour une Mesure.*

Quarts de Soupirs.

Seize doubles Croches pour chaque Mesure.

Le ♭-mol fait baisser de demi-Ton la Note qui le suit, & la fait appeller Fa.

Le ♮-carre & le Diézis font hausser de demi-Ton les Notes qui les suivent.

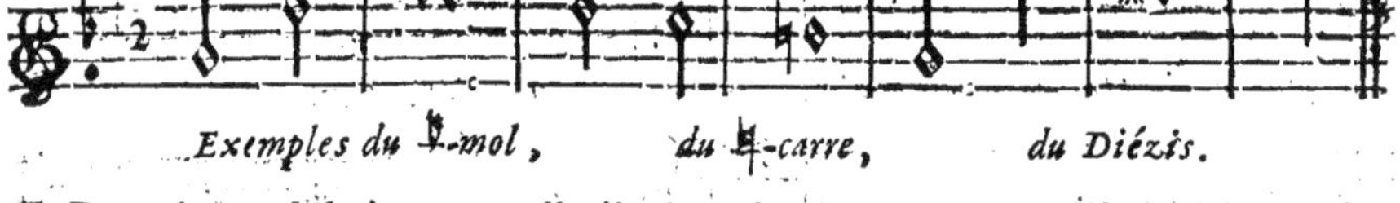

Exemples du ♭-mol, du ♮-carre, du Diézis.

Dans la modulation naturelle il n'y a que deux Notes où l'on mette des ♭-mols & des ♮-carres; Sçavoir au Si, & au Mi: Et trois où l'on mette des Diézis; Sçavoir au Fa, au Sol, & à l'Ut.

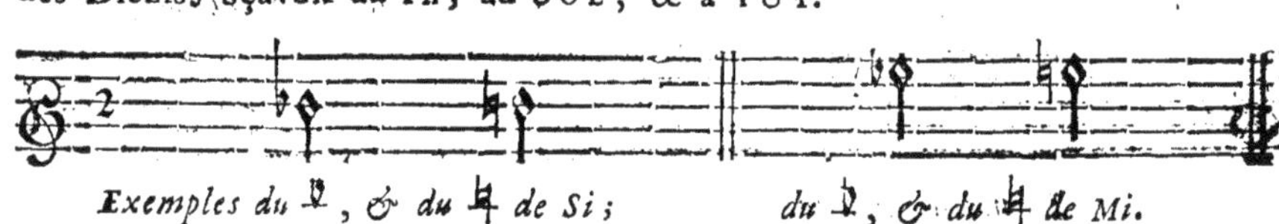

Exemples du ♭, & du ♮ de Si; du ♭, & du ♮ de Mi.

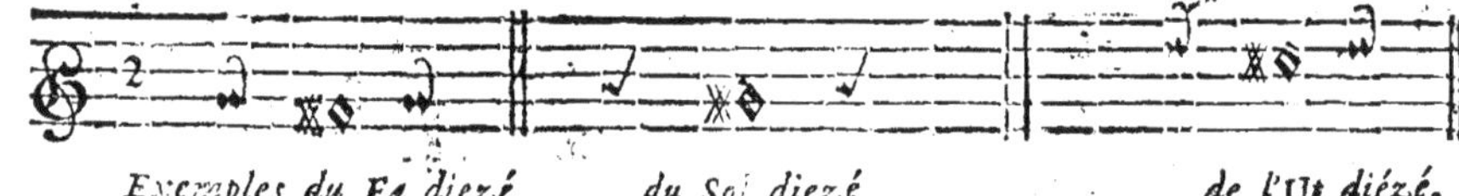

Exemples du Fa diezé. du Sol diezé. de l'Ut diézé.

Les Points valent la moitié de la Note qui les précéde.

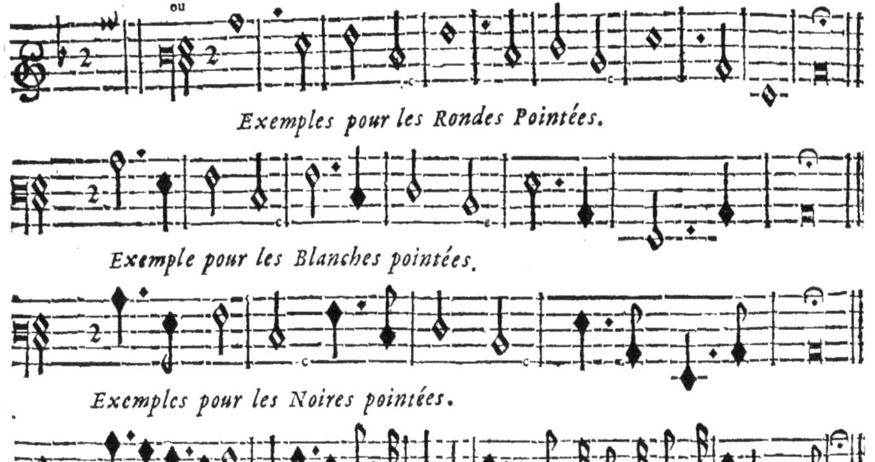

Exemples pour les Rondes Pointées.

Exemple pour les Blanches pointées.

Exemples pour les Noires pointées.

Exemples pour les Croches pointées.

Il est de consequence pour apprendre la Musique en peu de temps, de nommer sans hésiter.

Ton Majeur.

ut, ré, mi, fa, sol, la, si, ut; ut, si, la, sol, fa, mi, ré, ut.

Mineur.

ré, mi, fa, sol, la, si, ut, ré; ré, ut, fa, la, sol, fa, mi, ré.

Mineur.

mi, fa, sol, la, si, ut, ré, mi; mi, ré, ut, si, la, sol, fa, mi.

Majeur.

fa, sol, la, fa, ut, ré, mi, fa; fa, mi, ré, ut, fa, la, sol, fa.

Les Notes de ces Sept Octaves en montant, & en deſcendant.
Majeur.
ſol, la, ſi, ut, ré, mi, fa, ſol; ſol, fa, mi, ré, ut, ſi, la, ſol.
Mineur.
la, ſi, ut, ré, mi, fa, ſol, la; la, ſol, fa, mi, ré, ut, ſi, la.
Mineur
ſi, ut, ré, mi, fa, ſol, la, ſi; ſi, la, ſol, fa, mi, ré, ut, ſi.
Signes de Repetition.
Renvoy, ou Repriſe.
Signe Final.
Guidons.

*Où je fais voir les raisons que j'ay, pour commencer ces Principes par l'Octave d'*F ut fa, *plûtôt que par celle de* C sol ut.

COmme il y a eû beaucoup de Personnes, qui, voyant les précedentes Editions de ma Methode, ont demandé pourquoy j'y donnois mes premieres Leçons ur l'Octave d'F ut fa, & sur celle de G re sol mineur, plûtôt que de les donner au naturel sur l'Octave de C sol ut, & sur celle de D la ré. Je répons à cela que j'ay jugé à propos de le faire ainsi, parce que l'étenduë la plus ordinaire de la voix des Dames, des Jeunes personnes, & même d'une grande partie des Hommes se trouve fixée depuis une des Cordes d'F ut fa, jusqu'à une autre Corde d'F ut fa; D'où je conclus que, lorsque les Voix nommées cy-dessus chantent avec quelque Instrument, elles doivent exécuter plus à l'aise l'Octave d'*Ut, Ré, Mi, Fa, Sol, La, Si, Ut*, & mes autres Principes modulez dans l'étenduë des Octaves d'F ut fa, & de G ré sol mineur, que si je les avois renfermez, ou fixez dans l'Octave de C sol ut, & dans celle de D la ré, qui, selon mon avis, ne sont pas à la veritable portée des voix que je viens de citer, & semblent ne convenir qu'aux voix de *Basse-Taille*, & & *Basse*. Mais pour rendre cette raison encore plus valable, j'ay, sans rien changer, trouvé un expedient dont je me sers dans cette nouvelle Edition, & par le ſecours du quel les *Deſſus*, les *Hautes-Contres*, les *Hautes-Tailles*, les *Baſſes-Tailles* & les *Baſſes*, pourront chanter toutes les Leçons qui ſont cy-devant, & cy-aprés avec l'Inſtrument qu'ils affectionneront le plus; Comme, par exemple, *Clavecin*, *Deſſus de Viole*, *Baſſe de Violon*, &c. Et ce, ſans nommer les Notes de mes Leçons d'une maniere differente, & ſans avoir la voix forcée en les chantant, ni les unes, ni les autres. Cet expedient n'eſt autre choſe que d'avoir mis, comme j'ay fait, deux Clefs differentes à la têſte de chaque Leçon; Sçavoir la Clef de G ré ſol par ♭-mol, qui ſervira pour les *Deſſus*, les *Hautes-Contres*, & les *Haute-Tailles*; Et la Clef d'F ut fa par ♮-carre, qui ſervira pour les *Baſſes-Tailles*, & les *Baſſes*. Ce qu'il y aura à faire pour les *Haute-Contres*, & *Haute-Tailles*, ce ſera de chantèr & de joüer leſdites Leçons une Octave plus bas ſur les Cordes de l'Inſtrument dont elles ſe ſerviront pour accompagner leurs voix. Voilà, mes raiſons juſtificatives auprés de ceux qui continûroient de me cenſurer.

Notes d'un Tems.

Pour faire deux Notes égales dans un Tems.

Pour faire deux Notes inégales dans un Tems.

Pour faire une Noire, & deux Croches dans un Tems;
Il faut toûjours pointer la premiere des deux Croches.

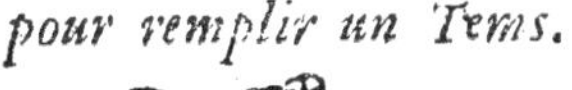
pour remplir un Tems.

ou
Pour apprendre à faire une Noire pointée, & deux Doubles Croches dans un Tems.
ou
Pour apprendre à faire deux Croches, & une Noire dans un Tems.
ou
Pour apprendre à faire quatre Croches dans un Tems.
ou
Pour apprendre à faire les Nottes Syncopées

Cherchez la page 85. pour y apprendre la valeur des Notes du Triple simple, afin de pouvoir chanter la Mesure, les Exemples qui suivent.

Premier Exemple. *Deuxiéme Exemple.*

Troisiéme Exemple. *Quatriéme Exemple.*

Cinquiéme Exemple. *Sixiéme Exemple.*

3
Septiéme Exemple.
Huitiéme Exemple.
Neuviéme Exemple.
Dixiéme Exemple.

Tournez.

Onziéme Exemple.

Douziéme Exemple.

Treiziéme Exemple.

Quatorziéme Exemple.

IL est bon d'apprendre de bonne-heure à faire certains Agréments qui sont necessaires pour solfier proprement, & pour ajuster de même la Parole avec les Notes. On trouvera dans la premiere page qui suit, tous ces Agréments distribuez separement, & désignez par certaines marques qui leur sont affectées à chacun en particulier. On vera dans la deuxiéme page, qui est relatif à la premiere, ces mêmes Agréments marquez d'une autre façon, c'est-dire par les Notes que ces Agréments renferment dans leur exécution.

Je ne parle icy de ces Agréments, & ne me sers des marques qui leur sont affectées, qu'après plusieurs Maîtres célebres qui les ont mises en usage il y a long-tems, & mon but a esté seulement de les tracer cy-aprés dans un petit espace pour en donner une idée générale, & une impression facile à ceux qui apprendront à chanter, ne croyant pas qu'il soit necessaire d'en donner une explication plus ample, convaincu qu'on pourra beaucoup mieux les apprendre par l'Exemple que l'on en donnera en chantant, que par aucune Dissertation que l'on pût faire sur ce sujet; c'est un soin reservé pour Messieurs les Maîtres à Chanter.

Tournez pour prendre quelque idée de ces Agréments, & de toutes leurs marques en les rapportant avec les petites Notes qui en designent l'exécution dans la deuxiéme page qui suit celle-cy.

Marques dont on se sert pour désigner les Agréments du Chant.

Notes signifiées par les Marques précedentes.

 Leçon pour apprendre à battre ses Tems egaux,

Pour faire les Points dans leur valeur, il faut suspendre la Noire pointée, & passer vîte la Croche qui la suit.

Il faut observer icy la même chose qu'aux deux Leçons précedentes.

Pour faire comme il faut deux Croches qui suivent une Noire, on doit pointer la premiere, & passer vîte la seconde.

En levant

Leçon pour apprendre à faire trois Notes dans chaque Tems.

Reprise.

Quand on fait 4. Notes dans un Tems, la premiere doit être longue, la 2. courte, la 3. longue, & la quatriéme courte, c'est à dire qu'il faut les pointer de deux en deux.

En levant.

Leçon pour apprendre à faire quatre Notes dans chaque Tems.

Reprise.

Quand il y a deux Croches aprés un Soupir, on pointe la premiere, & l'on passe vîte la seconde; au lieu qu'aprés le demi-Soupir, on passe vîte la premiere, on pointe la seconde, & l'on fait encore promptement la troisiéme pour aller tomber sur la 1re Note de l'autre tems.

On obſervera icy la même choſe qu'à la page précédente.

ou Pointez,
Ut battu, Ré, Mi, Fa,
Sol, La, Si, Ut.
Ut, Si, La, Sol, Fa,
Mi, Ré.

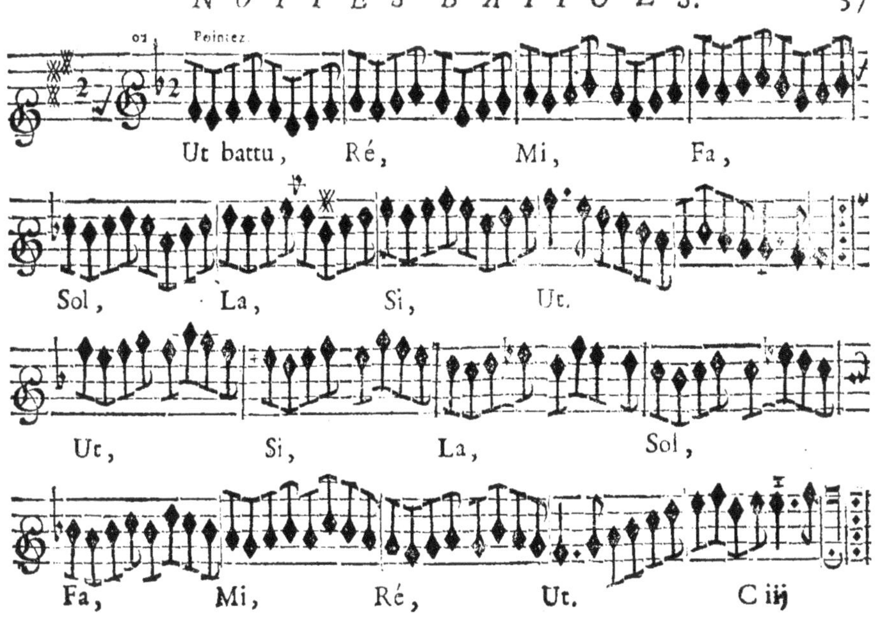
ou
Pointez
Ut battu, Ré, Mi, Fa,
Sol, La, Si, Ut.
Ut, Si, La, Sol,
Fa, Mi, Ré, Ut.

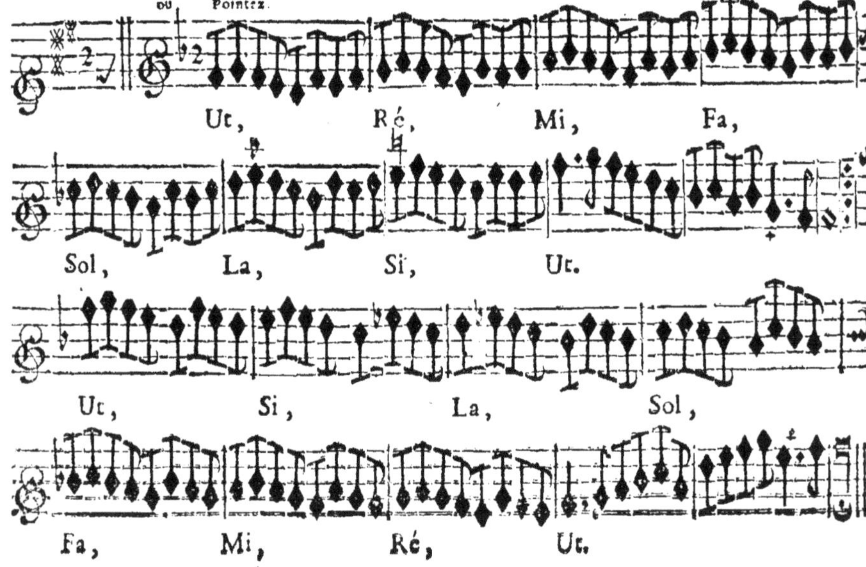
ou Pointez.
Ut,
Ré,
Mi,
Fa,
Sol,
La,
Si,
Ut.
Ut,
Si,
La,
Sol,
Fa,
Mi,
Ré,
Ut.

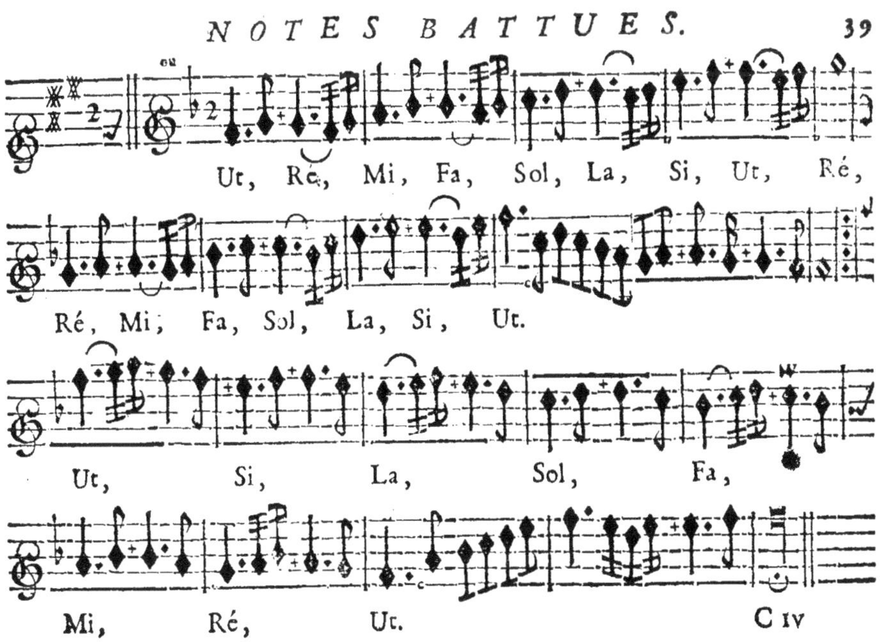
ou
Ut, Ré, Mi, Fa, Sol, La, Si, Ut, Ré,
Ré, Mi, Fa, Sol, La, Si, Ut.
Ut, Si, La, Sol, Fa,
Mi, Ré, Ut.

ou
également.
Ut, Ré, Mi, Fa, Sol, La, Si, Ut.
Ut, Si, La, Sol, Fa, Mi, Ré, Ut.
Pointez.
Ut, Ré, Mi, Fa, Sol, La, Si, Ut.
Ut, Fa, La, Sol, Fa, Mi, Ré, Ut.

ou
Pointez fort,
Ut, Ré, Mi, Fa, Sol, La, Si, Ut.
Ut, Si, La, Sol, Fa, Mi, Ré, Ut.
Piquez,
Ut, Ré, Mi, Fa, Sol, La, Si, Ut,
Ut, Fa, La, Sol, Fa, Mi, Ré, Ut.

ou Gracieusement.

Ut, Ré, Mi, Fa, Sol, La, Si, Ut.

Ut, Si, La, Sol, Fa, Mi, Ré, Ut.

Ut, Ré, Mi, Fa, Sol, La, Si, Ut.

Ut, Si, La, Sol, Fa, Mi, Ré, Ut.

ou Piquez.

Ut, Ré, Mi, Fa, Sol, La, Si, Ut.

Ut, Si, La, Sol, Fa, Mi, Ré, Ut.

Ut, Mi, Sol, Si, Ré; Ré, Fa, La, Ut.

Ut, La, Fa, Ré; Ré, Si, Sol, Mi, Ut.

ou Triple simple.

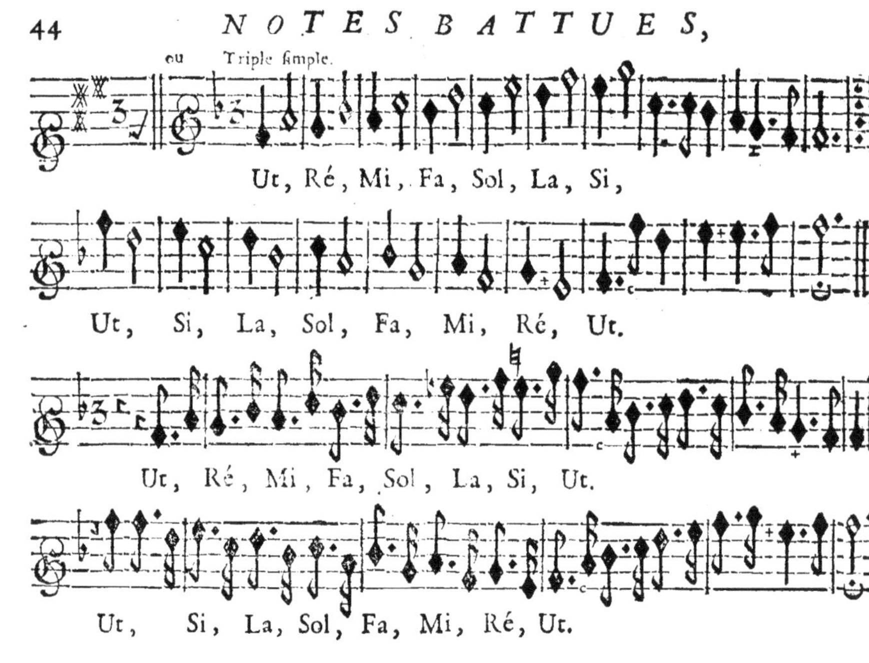

ou Pompeusement.
Ut, Ré, Mi, Fa, Sol, La, Si, Ut.
Ré; Ré, Mi, Fa, Sol, La, Si, Ut.
Ut, Si, La, Sol, Fa, Mi, Ré, Ut.
Si, La, Sol, Fa, Mi, Ré, Ut.

NOTES BATTUES,

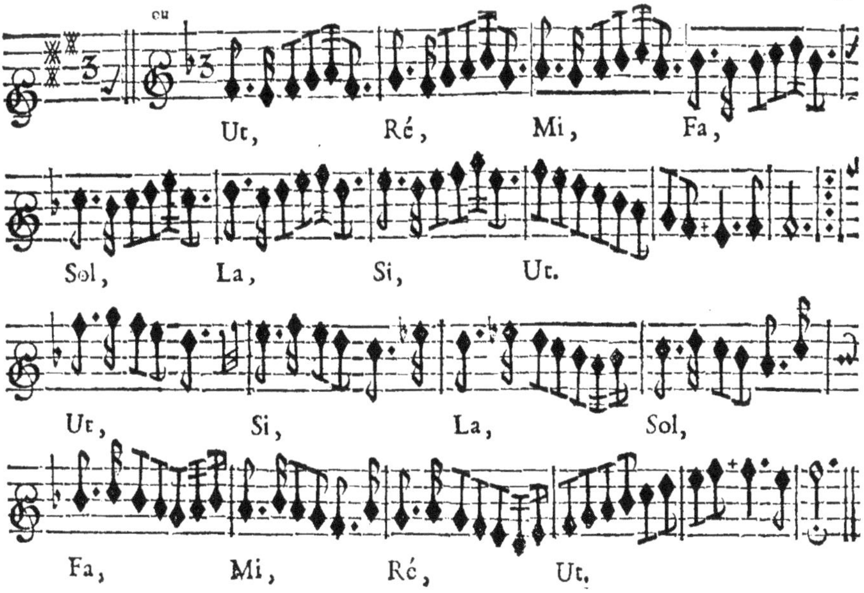

ou
3
3
Ut, Ré, Mi, Fa,
Sol, La, Si, Ut.
Ut, Si, La, Sol,
Fa, Mi, Ré, Ut.

L'Explication de la valeur des Notes de cette Mesure, se trouve page 101.

ou fort vite.

01.
Fort vîte
Ut, Ré, Mi, Fa,
Sol, La, Si, Ut.
Ut, Si, La, Sol, Fa, Mi,
Ré, Ut.

Leçon pour les Soupirs de cette Mesure.

Autre Leçon pour les Soupirs, & demi-Soupirs de la même Mesure.

ou
6
8
6
8
Ut, Ré, Mi, Fa,
Sol, La, Si, Ut.
Ut, Si, La, Sol, Fa,
Mi, Ré, Ut.

MARCHE.

30
L'In- nocente Paix A mille at- traits, Heureux un
6
6
6
5
BASSE-CONTINUE.
cœur qui la possede, Ah! chacun doit en être é- pris, C'est
6
BASSE-CONTINUE.

un trésor sans prix, Tout lui cé- de; de; Qui n'a pas ce

BASSE-CONTINUE.

bien Ne joüit de rien, Eût-il des biens sans nom- bre,

Reprise.

BASSE-CONTINUE.

Les plai- ſirs Qui cap- ti- vent nos deſirs ; Auprés d'un doux re-
6
BASSE-CONTINUE.
pos ne font qu'une om- bre. Qui n'a pas ce bien... bre.
4 3
BASSE-CONTINUE.
Repriſe,

GAVOTTE.

30
AH! c'est un Dieu qui nous appelle, Et c'est lui seul qu'il faut aimer;
AH! c'est un Dieu qui nous appelle, Et c'est lui seul qu'il faut aimer;
6
6 x
6
5
BASSE-CONTINUE.

Puiſque nôtre ame eſt immortelle, Quel autre bien peut l'enfla- mer ?

Puiſque nôtre ame eſt immortelle, Quel autre bien peut l'enfla- mer ?

BASSE-CONTINUE.

Ah! c'eſt un Dieu qui nous appelle, Et c'eſt lui ſeul qu'il faut aimer;
Ah! c'eſt un Dieu qui nous appelle, Et c'eſt lui ſeul qu'il faut aimer;

6
5
BASSE-CONTINUE.

Que nôtre ardeur soit éter- nelle, Pour le seul bien qui doit no' charmer;
Que nôtre ardeur soit éter- nelle, Pour le seul bien qui doit no' charmer;
6
4
3
BASSE-CONTINUE.

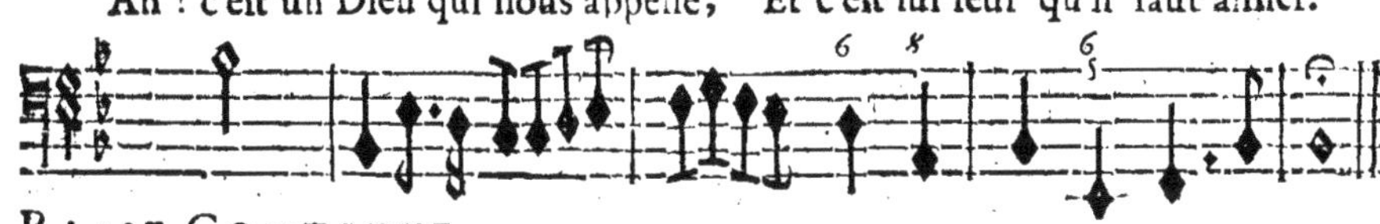

BASSE-CONTINUE.

RIGAUDON.

ou.
Quel sort est pl⁹ doux ? Un Dieu se dōne à nous, Il veut nous re dre heu-
BASSE-CONTINUE.
reux, Et comble tous nos vœux ; vœux ; En l'aimāt cōme il nous aime
Reprise.
BASSE-CONTINUE.

Nous goûtons mille plai- firs, Rien ne mãque à nos desirs; Il no9 offre un

BASSE CONTINUE.

bien suprême; Meritons ce bien dés aujourd'hui, Soupirõs pour lui. lui.

BASSE-CONTINUE.

BOURE'E.

30

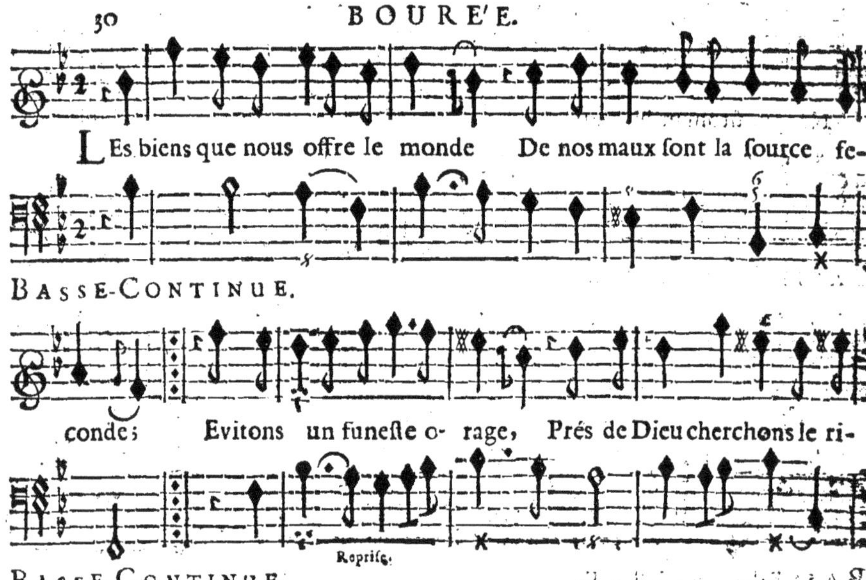
LEs biens que nous offre le monde De nos maux ſont la ſource fe-
BASSE-CONTINUE.
conde; Evitons un funeſte o- rage, Prés de Dieu cherchons le ri-
Repriſe.
BASSE-CONTINUE.

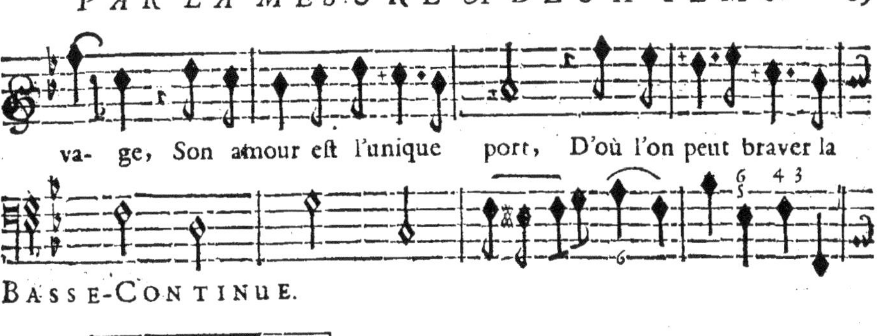
va- ge, Son amour est l'unique port, D'où l'on peut braver la
6 5 4 3
6
BASSE-CONTINUE.

mort. Evitons... mort.
4 3
BASSE CONTINUE.

PAVANE.

40
C'Est trop souffrir de maux, Epargnons-no' mille chagrís nouveaux, Nos jours
BASSE-CONTINUE.
les plus beaux S'en vont disparoî- tre; Hâtons-nous, cherchons le re-
BASSE-CONTINUE.

BASSE CONTINUE.

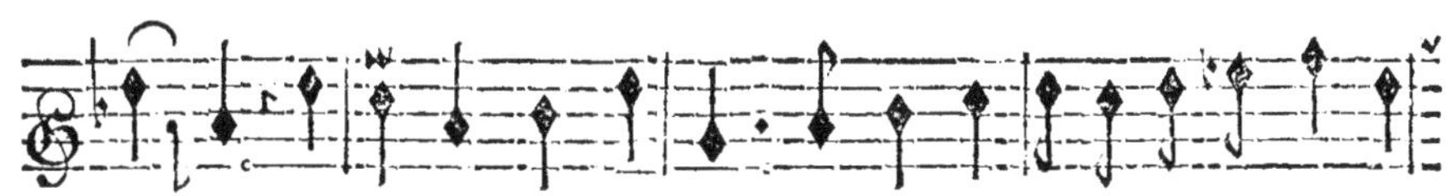

ê- tre. C'est trop souffrir de maux, Epargnons-nous mille chagrins nou-

BASSE-CONTINUE.

veaux, Nos jours les plus beaux S'en vont disparoî- tre ; Que nos yeux versent
BASSE-CONTINUE.
des ruisseaux, Pour effa- cer nos crimes ; Eloignons- nous des noirs a-
BASSE-CONTINUE.

bîmes. C'est trop souffrir de maux, Epargnons-nous mille chagrins nou-

BASSE-CONTINUE.

veaux, Ne nous creusons point d'éternels tombeaux.

BASSE CONTINUE.

Duo. AIR GAY, EN RONDEAU.

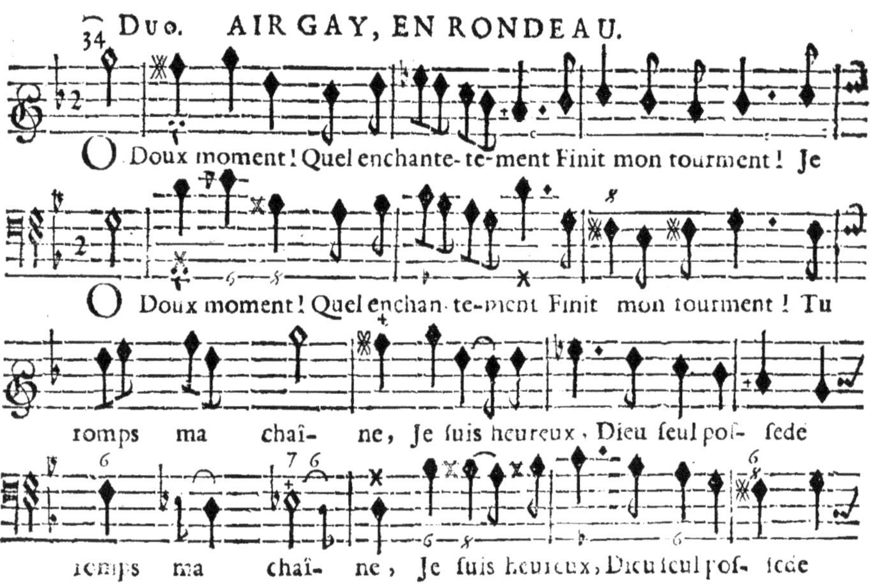

Fin.
Se l.
tous mes vœux. Mon éloignement m'attira sa haine, A ses ge-
Fin.
6
5
6 4 3
8 7
tous mes vœux. BASSE-CONTINUE.

noux, Un penchant plus doux Me rameine; O doux... vœux.
4
BASSE-CONTINUE.
O doux... vœux.

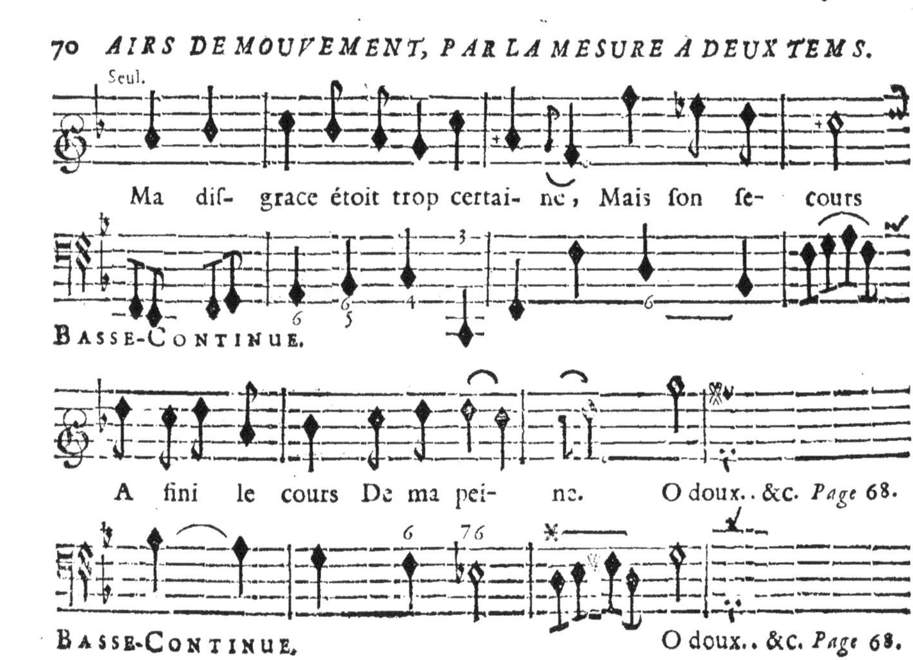
Seul.
Ma dif- grace étoit trop certai- ne, Mais fon fe- cours
BASSE-CONTINUE.
A fini le cours De ma pei- ne. O doux.. &c. Page 68.
BASSE-CONTINUE. O doux.. &c. Page 68.

Le Triple double se marque par un 3, & un 2.

2. Noires, ou 2. Croches blanches pour chaque Tems.

4. Croches noires, ou 4. Doubles-Croches blanches pour chaque Tems.

(50

SARABANDE.

DUO.

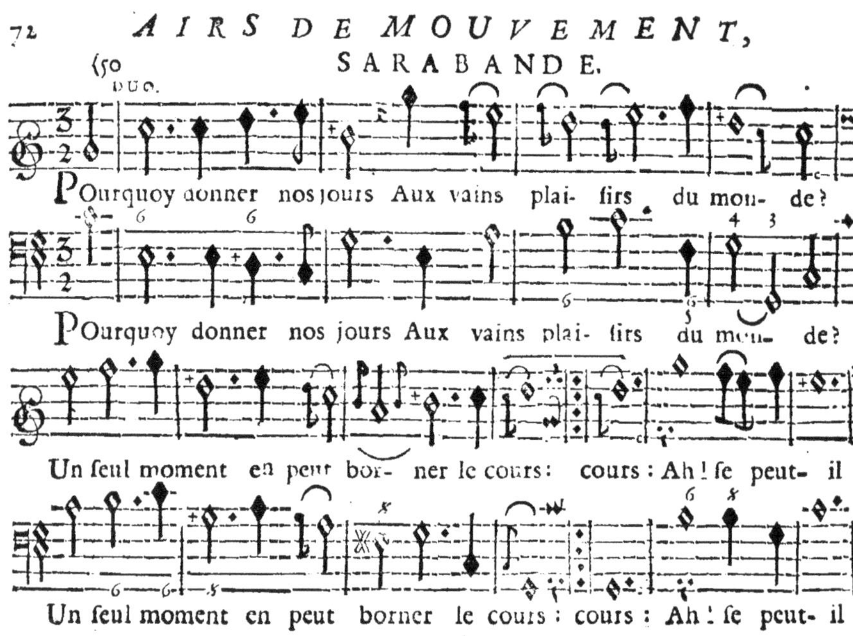

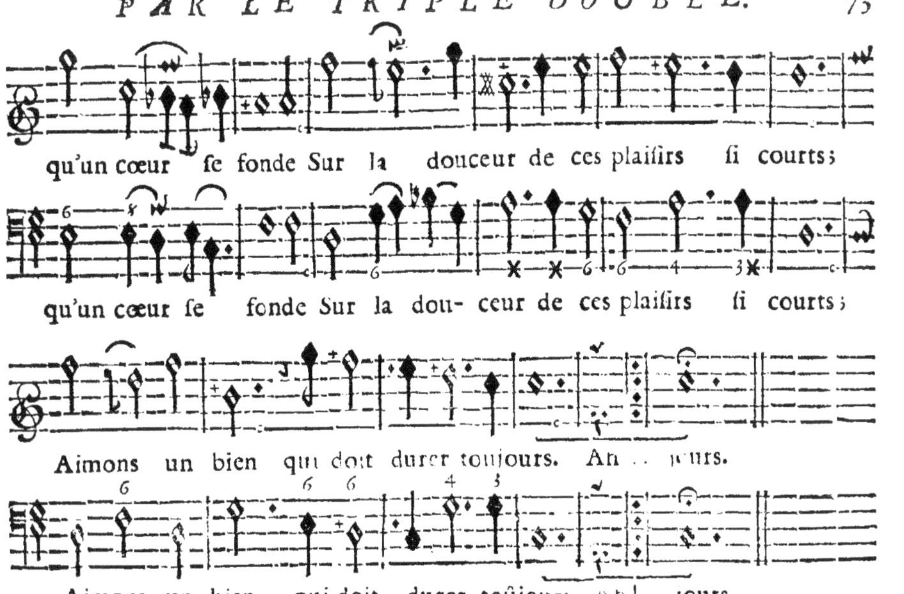
qu'un cœur ſe fonde Sur la douceur de ces plaiſirs ſi courts;
qu'un cœur ſe fonde Sur la dou- ceur de ces plaiſirs ſi courts;
Aimons un bien qui doit durer toujours. Ah .. jours.
Aimons un bien qui doit durer toûjours. Ah!...jours.

AIR TENDRE.

(45
MOnde enchanteur, pour qui chacun soû- pire. Auprés de moi
BASSE-CONTINUE.
tu n'es plus rien, Je n'aspire qu'au suprê- me bien; Je vis sous un Em-
BASSE-CONTINUE.

pi- re Plus doux que le tien : tien: C'eſt Dieu ſeul qui m'en-
BASSE-CONTINUE.
Et remplit mon a- me; Peut-on voir de p. beaux feux, De p. beaux
BASSE-CONTINUE.

nœuds ? Un Dieu m'engage, Lui seul doit faire mon parta- ge ;
BASSE-CONTINUE.
Je suis trop heureux ! C'est Dieu.. &c. reux !
BASSE-CONTINUE.

174 AIR, FORT GRAVE.

NOn, le monde ne peut me plai- re, Je méprise ses attraits; Dans un

BASSE-CONTINUE.

lieu soli- tai- re. Mon cœur jouit d'une profonde paix,

BASSE-CONTINUE.

Ah ne la perdons jamais, C'eſt la grace qui m'éclai- re ; Loin de moi,
BASSE-CONTINUE.
faux Plaiſirs, Ten- dres Soû- pirs: pirs: Fa -
BASSE-CONTINUE.

tal Amour, fu- ne- ste Gloire, Le trépas est toûjours la
Reprise.
BASSE-CONTINUE.
fin de vos faveurs, Allez, allez, sortez de ma memoire ; Biens, ou plû-
BASSE-CONTINUE.

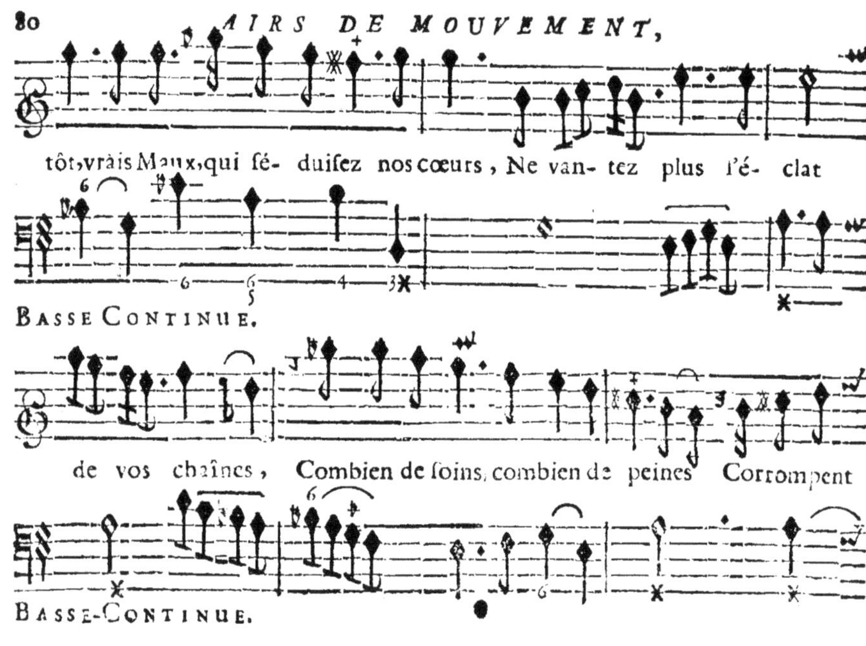
tôt, vrais Maux, qui ſé- duiſez nos cœurs, Ne van- tez plus l'é- clat
BASSE CONTINUE.
de vos chaînes, Combien de ſoins, combien de peines Corrompent
BASSE-CONTINUE.

BASSE-CONTINUE.

40. COURANTE.

BASSE-CONTINUE.

BASSE-CONTINUE.

BASSE-CONTINUE.

BASSE-CONTINUE.

cœur, Tout au- tre bien n'en a que l'appa- rence, C'eſt un bien trom-
BASSE-CONTINUE.

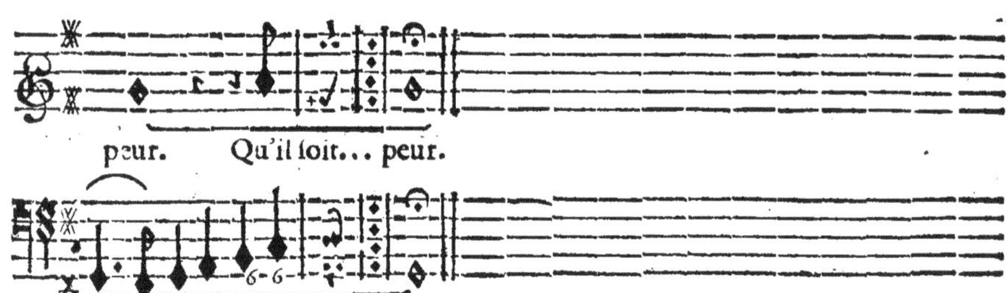
peur. Qu'il ſoit... peur.

Le Triple simple se marque par un 3.

Quand cette Mesure se chante gravement comme par exemple, à la Sarabande & à la Passacaille, on la bat lentement à trois Tems égaux, de maniere que l'on fait une Noire à chaque Tems ; à la Chaconne on la bat de même, mais plus legerement ; aux Menuets on la bat à deux Tems inégaux à cause de leur legereté. On explique de quelle maniere on doit battre la Mesure à deux Tems inégaux cy-aprés page 98. avant le Menuet.

(42)

SARABANDE EN RONDEAU.

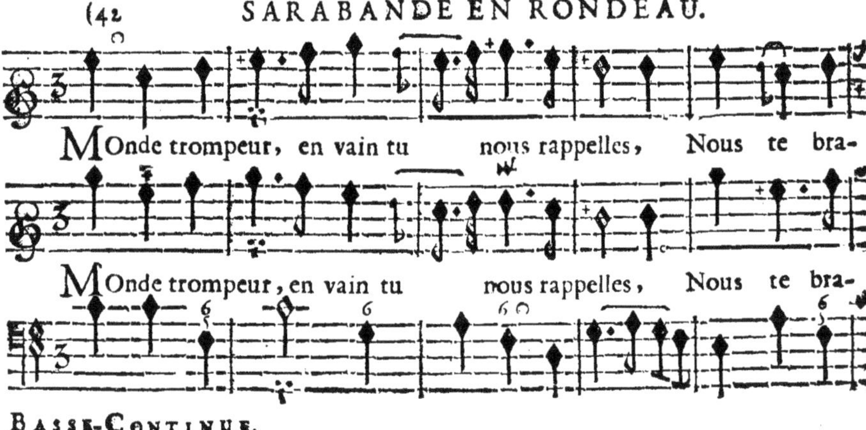

vons dans cet heu- reux séjour. Il a pour nous mille douceurs nou-
vons dans cet heu- reux séjour. Il a pour nous mille douceurs nou-
6 6 4 3
56
BASSE-CONTINUE.

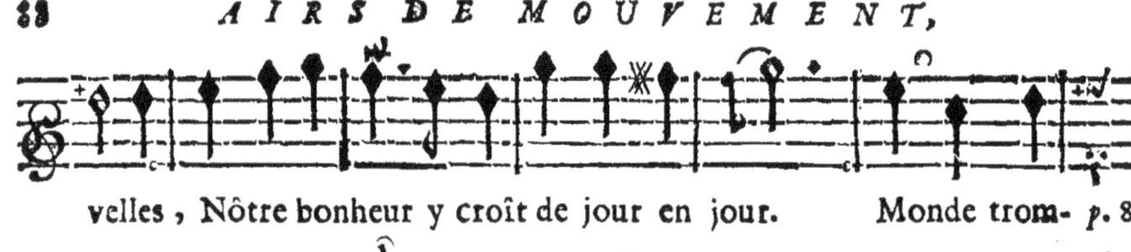

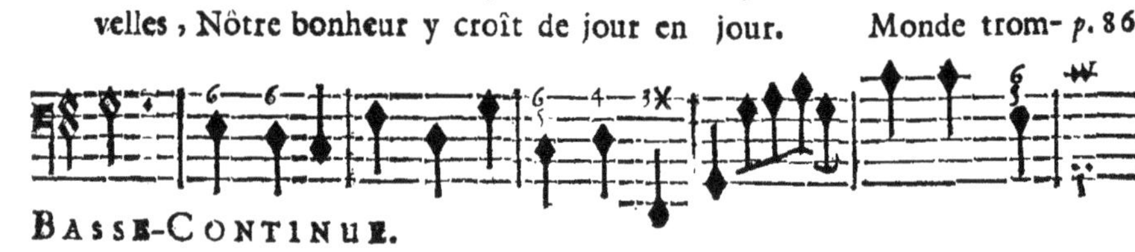

BASSE-CONTINUE.

PASSACAILLE.

foli- e, Ah! ſuivons un bonheur toûjours conſtant, Changeons de
7 6 6 4 3
BASSE-CONTINUE.
vi- e, C'eſt Dieu ſeul qui peut rendre un cœur content. Cet objet ſu-
6 8 6 4 3
BASSE-CONTINUE.

prême Se li- vre tout à nous, Mais il veut qu'on
BASSE-CONTINUE.
l'aime D'une ardeur ex- trême, De tous nos vœux il est ja-
BASSE-CONTINUE.

loux ; Loin de moi, Biens imparfaits, Je re- non- ce à vos at-
6
BASSE-CONTINUE.
traits, Et vous quitte pour ja- mais ; Vos douceurs ne peuvent
7 6
BASSE CONTINUE.

rien Sur un cœur tel que le mien, Je n'aſ- pi- re qu'au ſeul
7-6
6
BASSE-CONTINUE.
bien, Di- gne d'un Chrétien.
6
4
3✱
BASSE-COTINUNE.

CHACONNE.

BASSE-CONTINUE.

BASSE-CONTINUE.

6 6 6 43

BASSE-CONTINUE.

6 6 4 3
5

BASSE-CONTINUE.

6
76
6
6
5
BASSE-CONTINUE.

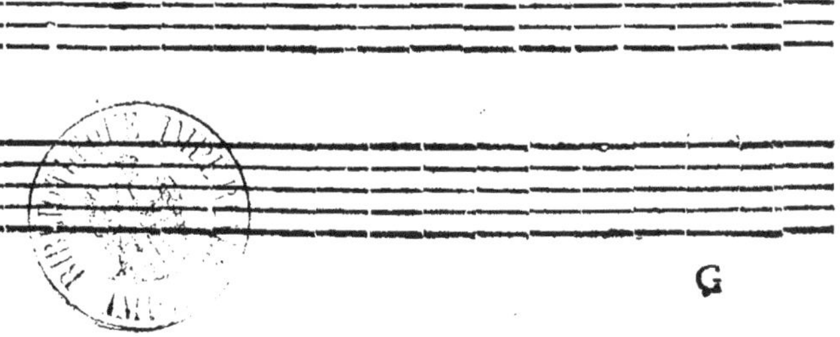

Le Menuet ſe bat à trois Tems fort legers, ou, ſi l'on veut, à deux Tems inégaux.

Pour expliquer ce que c'eſt que de battre à deux Tems inégaux, on vous avertit que le premier Tems doit être plus long de la moitié que le ſecond; de maniere qu'il faut faire deux Noires dans le premier Tems, & une dans le ſecond, ou bien l'équivalant.

MENUET.

ſaints un Dieu fait ſon ſé- jour: jour: Quels autres
BASSE-CONTINUE.
Repriſe.
Lieux pourroit avoir des charmes Pour les cœurs purs que brû-
BASSE-CONTINUE.

le ſon a- mour ? Il en bannit les ſoûpirs, & les larmes,
BASSE-CONTINUE.

Par lui, la Paix nous charme chaque jour. Quels.. jour.
BASSE-CONTINUE.

Le Triple mineur se marque par un 3. & un 8.

42

PASSEPIED.

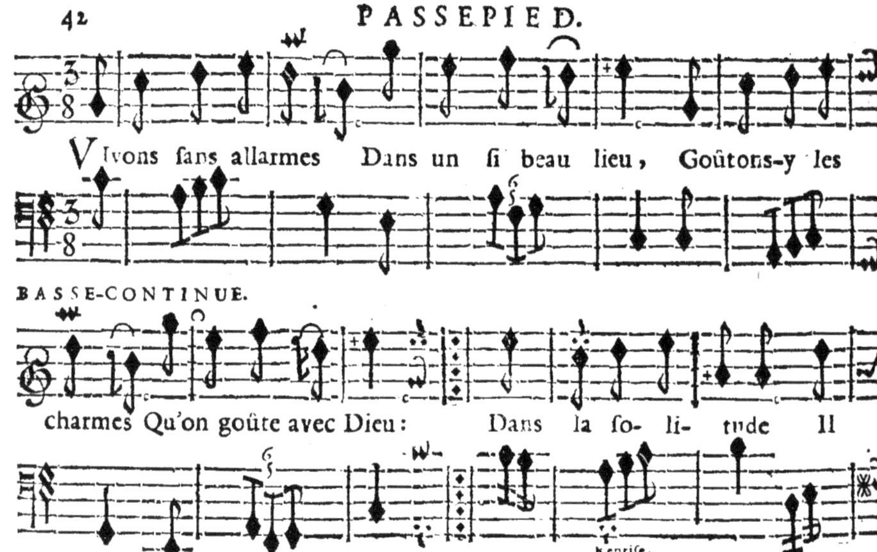

veut se cacher, N'ayons d'autre é- tude Que de l'y cher-

BASSE-CONTINUE.

cher; Prévenons l'o- ra- ge, Sur le Riva- ge Cherchons la

BASSE-CONTINUE.

Paix, Ah ! qu'elle aura d'attraits! Dans... traits!
8
4
3
BASSE-CONTINUE.

31. GIGUE.

SAuvons-nous des naufrages du Monde,
BASSE-CONTINUE.
Loin de ces flots Cherchons le re- pos;
Plus trompeur que l'Em-
BASSE-CONTINUE.

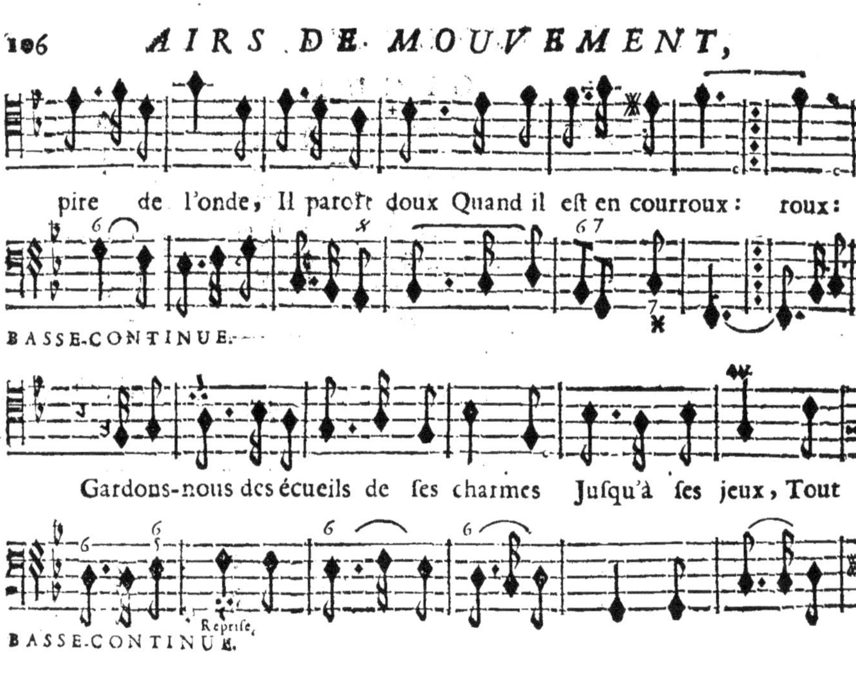
pire de l'onde, Il paroît doux Quand il eſt en courroux : roux:
BASSE-CONTINUE.
Gardons-nous des écueils de ſes charmes Juſqu'à ſes jeux, Tout
Repriſe,
BASSE-CONTINUE.

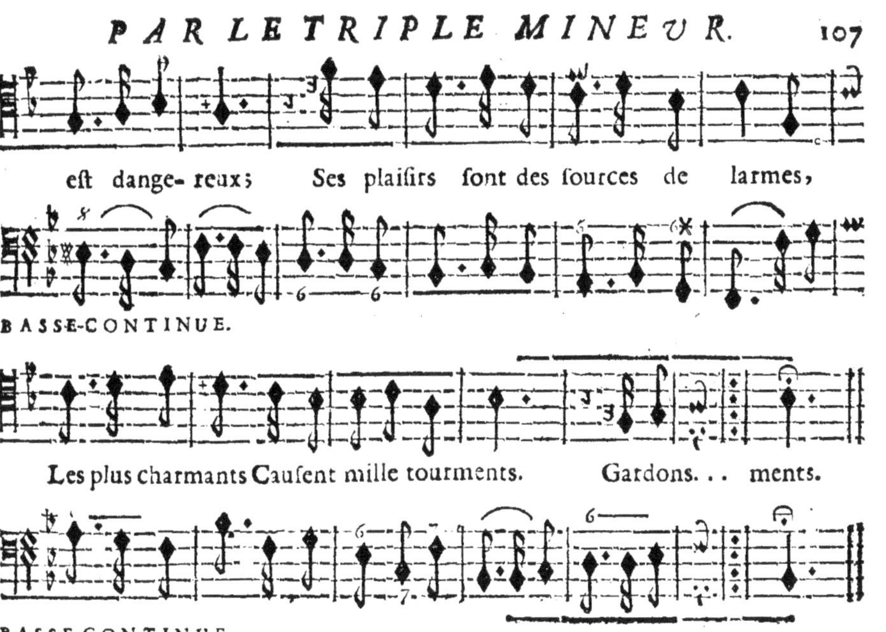
eſt dange- reux; Ses plaiſirs ſont des ſources de larmes,
BASSE-CONTINUE.
Les plus charmants Cauſent mille tourments. Gardons. . . ments.
BASSE-CONTINUE.

31
ou
ou
AIR FORT LEGER.
QUe le repos eſt aimable ! Je l'avois per-
BASSE-CONTINUE.
du, Je vois enfin ſon retour favo- rable, Il m'eſt ren-
BASSE-CONTINUE.

du Ce bien si desi- ra- ble, Ce bien si long-tems attendu:

6
4
6
5
BASSE-CONTINUE.

du: C'est le seul bien de la vie Dont la douceur

6
BASSE-CONTINUE.
Reprise.

Charme mon cœur;
Ah! je goûte un bonheur Digne d'en-
BASSE-CONTINUE.
vi-
e!
Tout me con- vie
A rendre gra-
BASSE-CONTINUE.

ce au Crea- teur; Je dois chanter sa tendres- se in- fi-
6 6 6 6 6 7
BASSE-CONTINUE.

nie, De mon repos il est l'Autheur. C'est.. theur.

7
BASSE-CONTINUE.

 Valeur des Poses, & des Notes pour la Mesure à 4. Tems graves, & à 4. Tems legers.

La premiere se marque par un C, & la deuxiéme par un C barré.

Cette Mesure se bat à quatre tems égaux, sçavoir deux en baissant & deux en levant, de maniere qu'on fait une Noire à chaque Tems, ou bien l'équivalant.

FUGUE *en Rondeau.*

BASSE-CONTINUE.

BASSE-CONTINUE.

MOTET, OU DIALOGUE DES ANGES, ET DES BERGERS.

POUR LA NAISSANCE DE NOSTRE SEIGNEUR.

BASSE-CONTINUE.

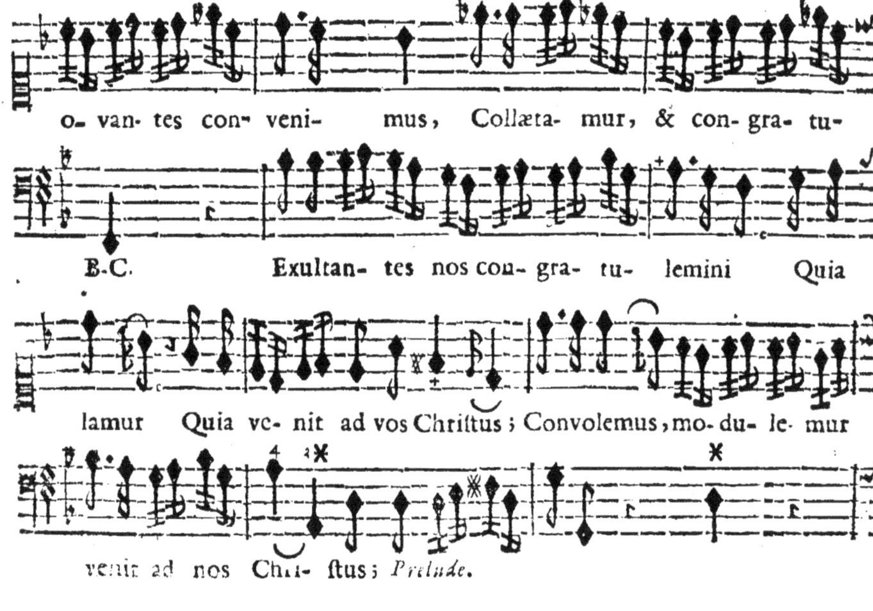
o- van- tes con- veni- mus, Collæta- mur, & con- gra- tu-
B.C.
Exultan- tes nos con- gra- tu- lemini Quia
lamur Quia ve- nit ad vos Christus ; Convolemus, mo- du- le- mur
venit ad nos Chri- stus ; *Prelude.*

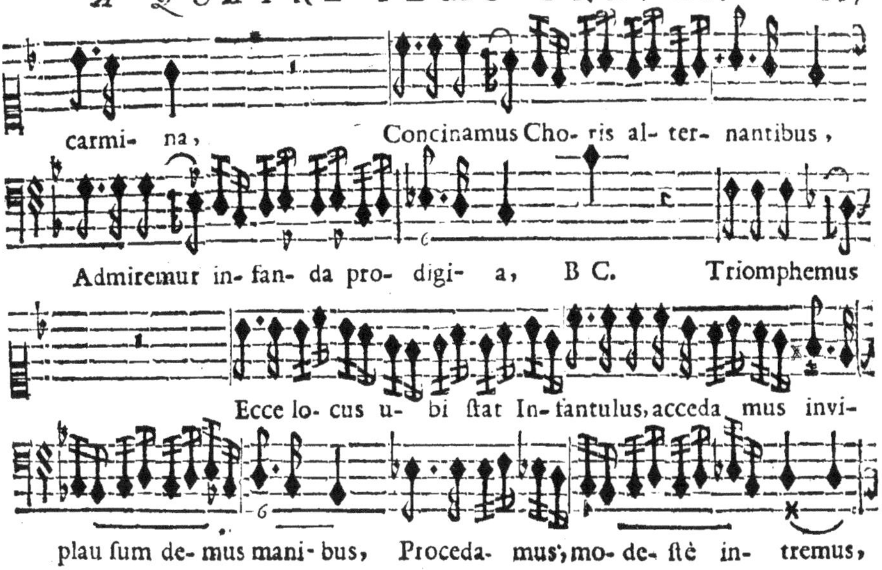

carmi- na, Concinamus Cho- ris al- ter- nantibus,

Admiremur in- fan- da pro- digi- a, B C. Triomphemus

Ecce lo- cus u- bi ſtat In- fantulus, acceda mus invi-

plau ſum de- mus mani- bus, Proceda- mus, mo- de- ſtè in- tremus,

Fort lentement.
cem, Veni- te ado- re- mus Redem- pto- rem.
carre.
Et proci- den- tes a- do- re- mus Redem- pto- rem.
carre.
carre.
Fort legerement.
Venite, Venite, Fi- deles, Exul-
carre.
Prelude.
Venite, Venite, Fi-

temus, jubile-
deles, Exul- temus, jubi- lemus, cante- mus, prædice-
mus, Cantemus, cele- bre- mus Salva- to- rem; Na- tum
4 3 7 6
6 6 6
mus, Laudemus, ce- le- bremus Salvatorem;

Jesum col- lau- demus, Exal- temus, celebre- - -
Na- tum Jesum col- lau- demus, cele- bremus, nunciemus, can-
mus, can- te- mus om- nes. Venite, Venite, Fi-
te- mus om- nes. Prelude. Ve-

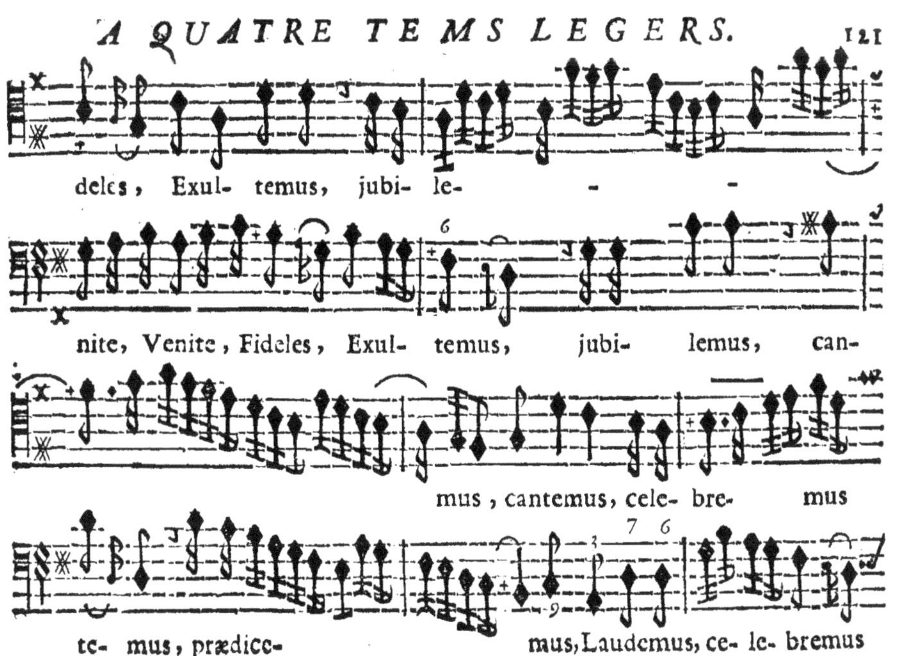
deles, Exul- temus, jubi- le- - -
nite, Venite, Fideles, Exul- temus, jubi- lemus, can-
mus, cantemus, cele- bre- mus
te- mus, prædicce- mus, Laudemus, ce- le- bremus

5
♮mol, & fort lentement.

Salva- to- rem. Veni- te, Ve- ni- te, ado-
6
4 3
76
76
78
6
5
6
Salva- to- rem. Veni- te, ado- remus, ado-
re- mus.
4 3
remus.

La Mesure à six Tems graves se marque par un 6, & un 4.

(24)
Leçon pour les Notes inégales.
BASSE-CONTINUE.
Autre Leçon pour les Notes Syncopées.
BASSE-CONTINUE.

(27) SARABANDE.

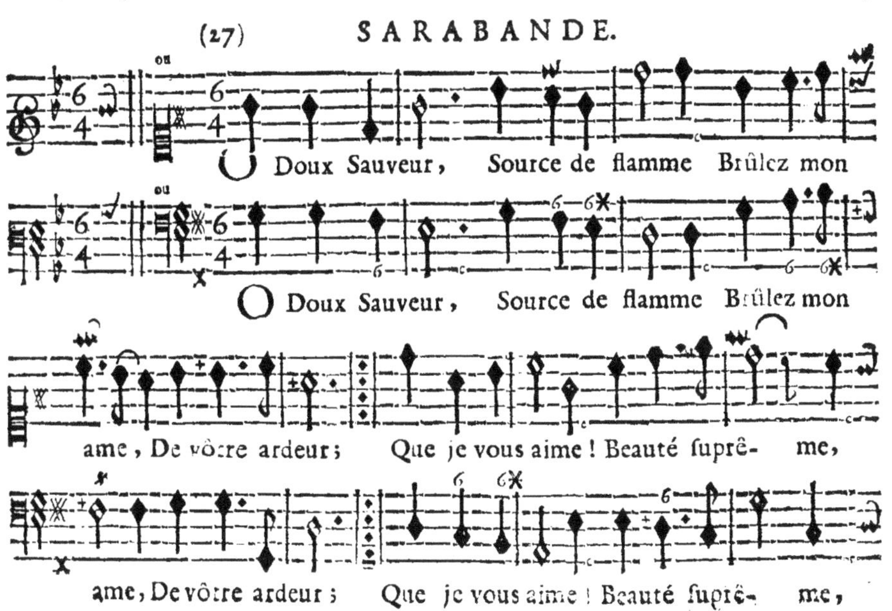

Que je vous ai- me! Prenez mon cœur, De vôtre amour il
Que je vous ai- me! Prenez mon cœur, De vôtre amour il
fait tout son bonheur. Fin. Que je vous aime! Beauté suprê- me, Que je, &c.
fait tout son bonheur. Fin. Que je vous aime! Beauté suprê- me, Que je, &c.

(24) MARCHE EN RONDEAU.

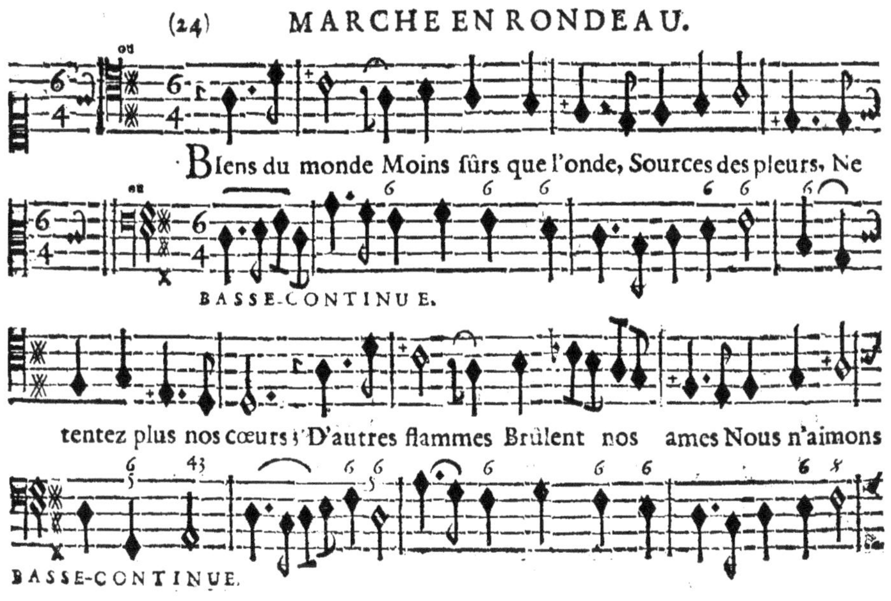

BASSE-CONTINUE.

Sa grace a des attraits Qui durent à jamais ; Biens du monde,

BASSE-CONTINUE.

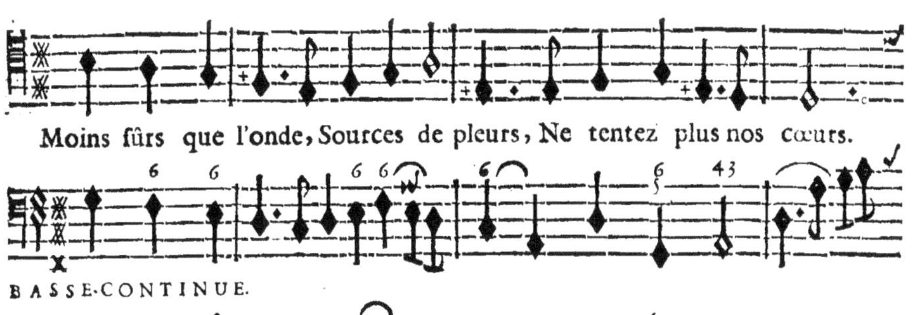

Dieu nous contente, Dieu nous enchante, Sō amour, ses biēfaits Cōblēt nos sou-

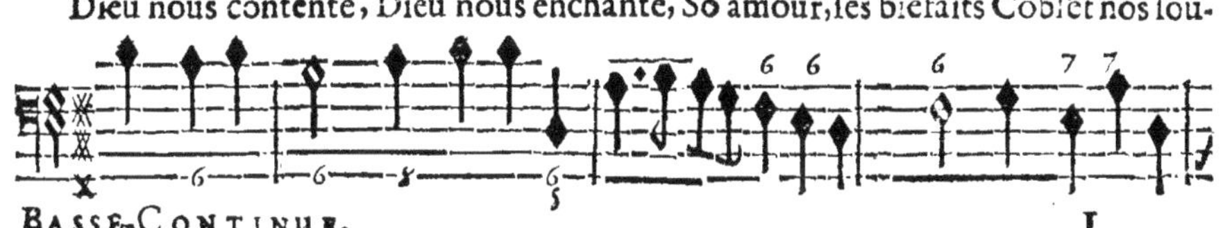

BASSE-CONTINUE.

hai ts. Biens du monde, Moins sûrs que l'onde, Sources de pleurs, Ne
BASSE-CONTINUE.
tentez plus nos cœurs; Fuyez, Biens fra- gi- les, Biens i- nu-
BASSE-CONTINUE.

ti- les, Nos eſ- prits & nos yeux, S'élevent juſqu'aux Cieux. Biẽs du
4 3✱ 6 5 7 6
BASSE-CONTINUE.
monde, Moins ſûrs que l'onde, Sources de pleurs, Ne tentez plus nos
6 6 6 6 6 6 6 5 4 3
BASSE-CONTINUE.

BASSE-CONTINUE.

rien Que le suprê- me bien.

BASSE-CONTINUE.

(30) AIR GRAVE EN RONDEAU.

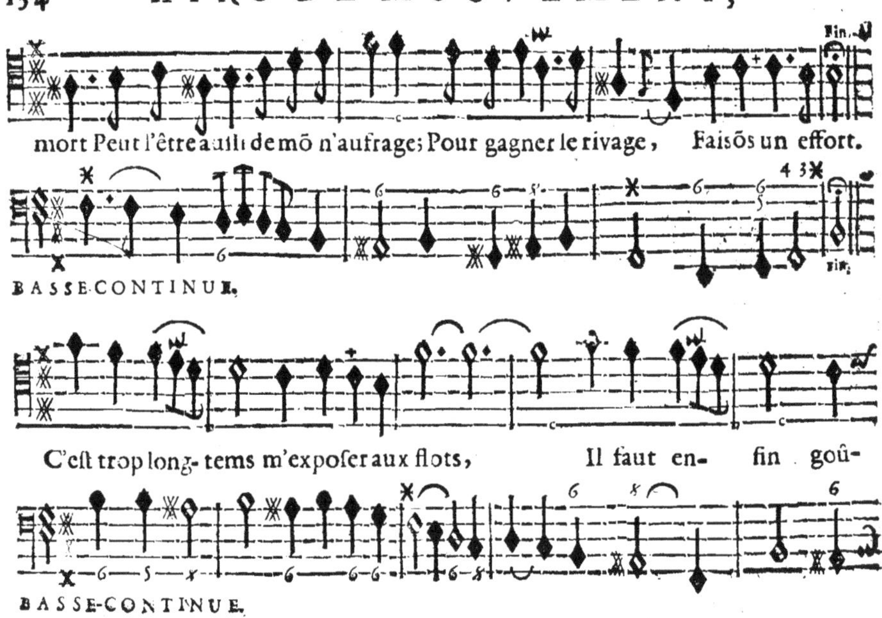
Fin.
mort Peut l'être auſſi de mõ n'aufrage; Pour gagner le rivage, Faiſõs un effort.
BASSE-CONTINUE.
Fin.
C'eſt trop long-tems m'expoſer aux flots, Il faut en- fin goû-
BASSE-CONTINUE.

2. Partie.

ter le re- pos. Tout m'enga- ge... fort.

BASSE-CONTINUE.

Le Seigneur me con- vie A joü-

BASSE-CONTINUE,

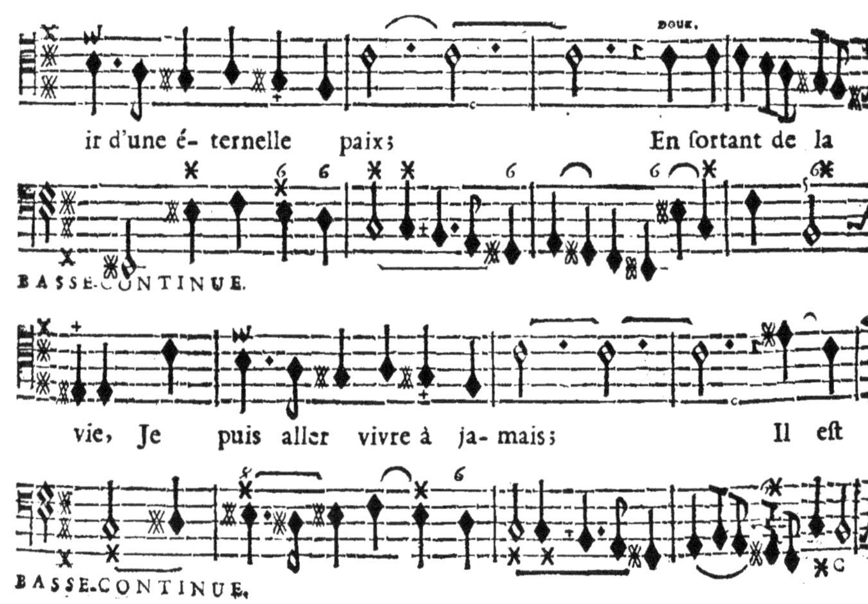
DOUX.
ir d'une é- ternelle paix; En ſortant de la
BASSE-CONTINUE.
vie, Je puis aller vivre à ja- mais; Il eſt
BASSE-CONTINUE.

Doux.
tems de me rendre, He! pourquoi tant attendre ?
BASSE-CONTINUE.
Fort.
Hâtons-no⁹ d'ê-treheu-reux, Dieu même veut combler mes
BASSE-CONTINUE.

Doux.
vœux , Fuyons un sort affreux ; Hâtons-nous d'ê-tre heureux, Dieu
BASSE-CONTINUE.
même veut cōbler mes vœux, Fuyons un sort affreux. Tout m'enga-ge.. &c.
cy-devant page 133.
BASSE-CONTINUE.

La Mesure à six Tems legers, se marque par un 6, & un 8.

Poses. *Demi-Poses.* *Soupirs, & demi-Soupirs.*

Deux Noires pointées. pour chaque Mesure. *Une Noire pointée pour chaque demi-Mesure.* *Une Noire, & une Croche pour chaque demi-Mesure.*

ou *Demi-Soupirs.* ou *Quarts de Soupirs.*

Trois Croches pour chaque demi-Mesure. *Six Doubles Croches pour chaque demi-Mesure.*

CANARIES EN RONDEAU.

verre on les voit peu durer ; Ils troublent sans cesse Nôtre repos, Faut-

BASSE-CONTINUE.

il qu'on s'empresse Pour des Biens si faux ; Non, ce n'est pas pour les Biẽs de la

BASSE-CONTINUE.

verre, Comme le verre on les voit peu durer; Beauté durable Ré-

gnez dans mon cœur, O Dieu tout aimable, Soyez mon vainqueur; Non, ce n'eſt

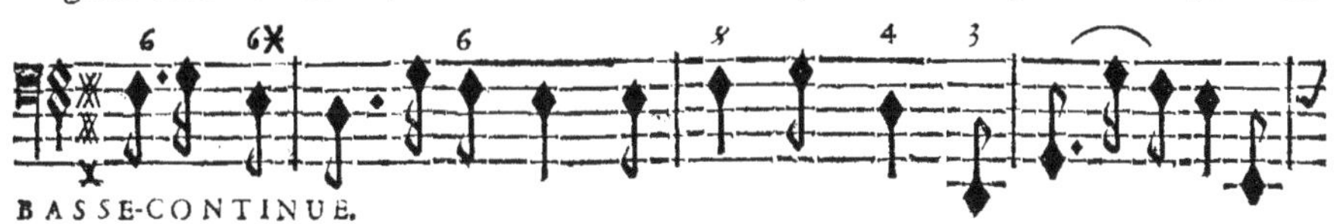

BASSE-CONTINUE.

pas pour les Biens de la terre Que nôtre cœur doit ſoûpi- rer, Tout leur é-

BASSE-CONTINUE.

clat brille moins que le verre, Comme le verre on les voit peu durer.

BASSE-CONTINUE.

MENUET.

ou 48

QUe ſur Dieu ſeul nôtre eſpoir ſe fonde, N'ayons des yeux

ou

BASSE-CONTINUE.

Que pour les Cieux; Pour fuir le bruit du mõde, Vivõs en ces lieux: lieux:

BASSE-CONTINUE.

Pour meri- ter la cele- ste pa- tri- e, Ne regrettons
Reprise.
BASSE-CONTINUE.

pas Les Biens d'icy- bas; Ces Biens fri- voles Nous perdant

BASSE-CONTINUE.

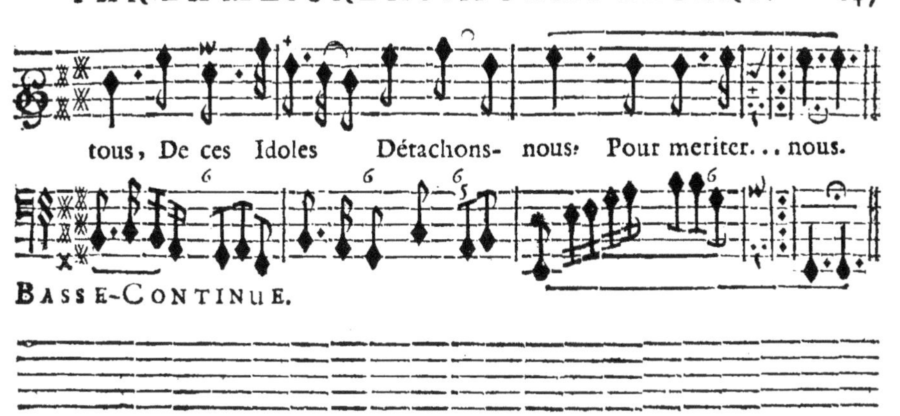
tous, De ces Idoles Détachons- nous. Pour meriter... nous.
6
6
6
5
6
BASSE-CONTINUE.

GIGUE.
36
DEsformais ne formons plus de vœux Que pour des Biens qui no' rendēt heu-
BASSE-CONTINUE.
reux ; Les honneurs que nous offre le monde Causent souvent d'é-
BASSE-CONTINUE.

tranges malheurs, Faut-il qu'on ſe fonde ſur ſes faveurs! veurs!

BASSE-CONTINUE.

Repriſe.

Renonçons à ſes Biens funeſtes, Dégageons- nous de tous ſes vains at-

BASSE-CONTINUE.

traits, Et que la ſeule Paix Rempliſſe nos ſouhaits ; Demandons les ri-
BASSE-CONTINUE.

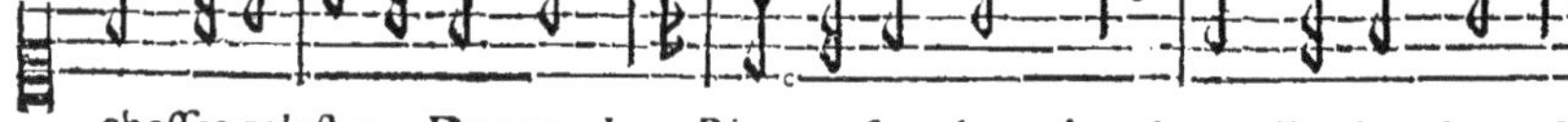
cheſſes celeſtes, De tous les Biens ce ſont les plus doux, Recherchons-les

BASSE-CONTINUE.

BASSE-CONTINUE.

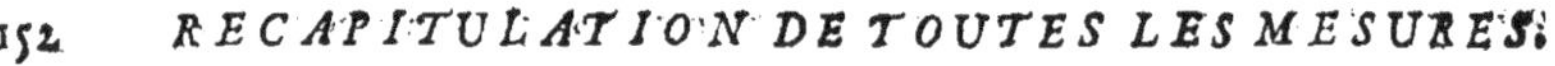

La mesure à deux Tems se marque par un 2.

Le Triple Double se marque par un 3, & un 2.

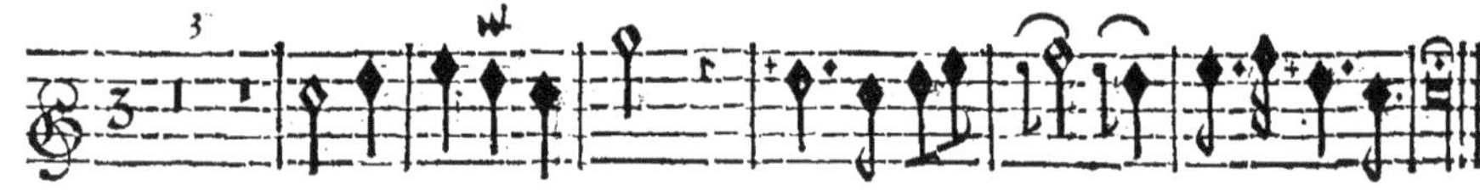

Le Triple Simple se marque par un 3.

Le Triple Mineur se marque par un 3, & un 8.

La Mesure à Quatre Tems Graves se marque par un C.

La Mesure à Quatre Tems Legers se doit marquer par un C barré.

La Mesure à Six Tems Graves se marque par un 6, & un 4.

La Mesure à Six Tems Legers se marque par un 6, & un 8.

Il y a encore quatre autres ſortes de Meſures, ſçavoir;

La Meſure à Deux Tems précipitez.

Cette Meſure ſe marque par un 4, & un 8, & ſe bat à Deux Tems fort vîte, de maniere qu'on fait une Noire dans chaque Tems, ou bien l'équivalant.

La Meſure à neuf Croches.

Cette Meſure ſe marque par un 9, & un 8, & ſe bat à Trois Tems égaux, de maniere qu'on fait trois Croches dans chaque Tems, ou bien l'équivalant.

La Mesure à douze Noires.

Plan de toutes les Clefs, Parties & Sons naturels de la Musique chantez par ♭ mol.

Plan de toutes les Clefs, Parties & Sons naturels de la Musique
chantez par ♮ carre.

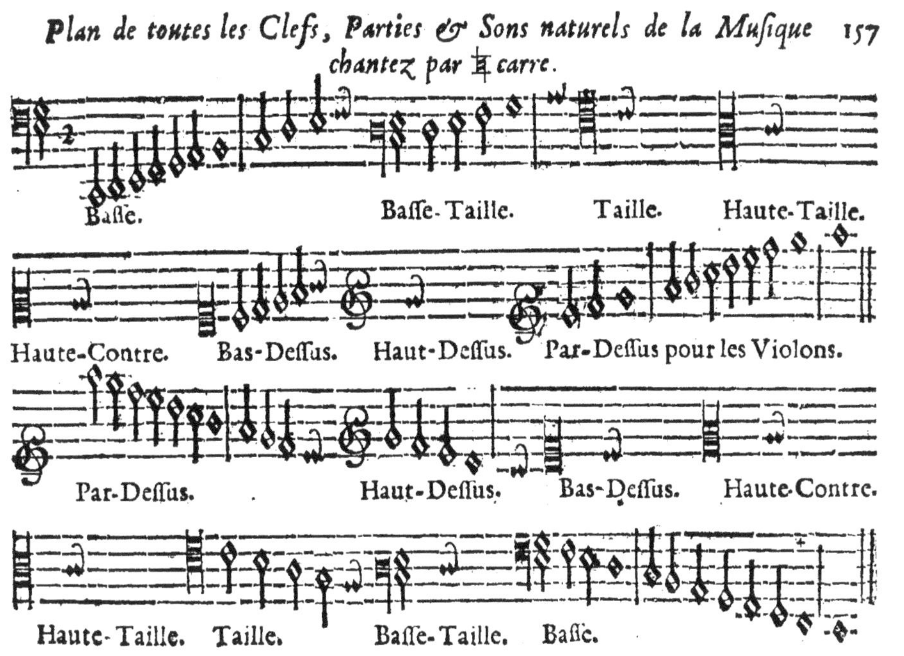

Autre Plan de toutes les Parties de la Musique, dans lequel on fait voir le rapport qu'il y a des unes avec les autres.

Remarquez par la disposition des sept Exemples qui composent ce troisiéme Plan, que, de ligne en ligne, l'Ut monte toûjours d'un degré.

De cette remarque deux consequences s'ensuivent, La premiere que l'Ut, comme les six autres Notes, se peut rencontrer sur toutes les lignes, & dans tous les espaces differents; La seconde, que, par consequent, pour sçavoir la Musique en perfection, il faut indispensablement bien posseder ces sept positions de Clefs, de même que la suite naturelle des Notes en montant & en descendant.

EXEMPLES.

EXEMPLES.

Rapport du Deſſus de Violon & de la Baſſe par ♮ carre
avec le Bas-Deſſus par ♭ mol.
Rapport de la Haute-Taille par ♮ carre
avec la Baſſe-Taille par ♭ mol.
Rapport du Haut-Deſſus par ♮ carre
avec la Haute-Contre par ♭ mol.
Rapport de la Taille par ♮ carre
avec la Baſſe, & le Deſſus de Violon par ♭ mol.

REGLE
pour rendre faciles les Transpositions qui se font avec des Diézis.

Pour vous la faire aisément comprendre, il faut auparavant vous instruire de l'ordre naturel des Diezis. Cet ordre naturel est que quand il n'y a qu'un Diezis, ce n'est jamais ailleurs que sur le Fa qu'il doit estre placé; que quand il y en a deux, c'est en ce cas le Diezis de l'Ut qui doit l'accompagner; que quand il y en a trois, c'est pour lors le Diezis du Sol qui doit accompagner les deux autres; que quand il y en a quatre, c'est le Diezis du Ré qui doit accompagner les trois autres; que quand il y en a cinq, c'est en ce dernier cas le Diezis du La qui doit accompagner les quatre autres, de maniere qu'ils se trouvent tous cinq à la quinte l'un de l'autre en montant, ou bien à la quarte en descendant: que tres-souvent, lorsqu'il y en a cinq ou davantage, il se peut qu'une Partie ne soit que la répetition ou l'Octave de quelques-uns des cinq dont on vient de parler.

Cet ordre ainsi remarqué, on vous donne pour regle certaine que le Diezis du Fa étant seul, on peut l'appeller Si; que quand il y en a deux, il faut appeller Si le Diezis de l'Ut, que quand il y en a trois il faut appeller Si le Diezis du Sol, que quand il y en a quatre, il faut appeller Si le Diezis du Ré; que quand il y en a cinq differents, il faut appeller Si le Diezis du La, d'où l'on peut inferer, que c'est toûjours le dernier Diezis qu'on doit appeller Si. Pour le bien concevoir, regardez les Exemples qui sont dans ces deux pages.

EXEMPLES.

On vous conseille avec raison d'apprendre de bonne heure à bien entonner le Fa diezé; pour y parvenir il faut se representer le son aigu du Si, ou bien celui du Mi.

AUTRES EXEMPLES
pour les Tranſpoſitions qui ſe font avec des Diézis.

E ſi mi, Tierce mineure. Clef qu'il ſe faut repreſenter.

B fa ſi, Tierce mineure. Clef qu'il ſe faut repreſenter.

A mi la, Tierce majeure. Clef qu'il ſe faut repreſenter.

E ſi mi, Tierce majeure. Clef qu'il ſe faut repreſenter.

REGLE

pour rendre faciles les Transpositions qui se font avec des ♭ mols.

Pour vous la faire aisément comprendre, il faut, comme des Diézis, vous instruire de l'ordre naturel des ♭ mols. Cet ordre naturel est, que quand il n'y a qu'un ♭-mol ce n'est jamais ailleurs que sur le Si qu'il doit estre placé; que quand il y en a deux c'est en ce cas le ♭-mol du Mi qui doit l'accompagner; que quand il y en a trois, c'est pour lors le ♭-mol du La qui doit l'accompagner; que quand il y en a quatre, c'est en ce dernier cas le ♭-mol du Ré qui doit accompagner les trois autres; de maniere qu'ils se trouvent tous à la quarte l'un de l'autre en montant, ou bien à la quinte en descendant; Que s'il s'en trouve davantage que quatre, l'on vous avertit qu'ils ne sont que la répetition ou l'Octave de quelques-uns des quatre dont on vient de parler.

Cet ordre ainsi remarqué, on vous donne pour regle certaine que le ♭-mol du Si se trouvant seul, il faut l'appeller Fa; que quand il y en a deux, il faut appeller Fa le ♭-mol qui est sur le Mi; que quand il y en a trois, il faut appeller Fa le ♭-mol qui est sur le La; que quand il y en a quatre, il faut appeller Fa le ♭-mol qui est sur le Ré, d'où l'on peut inferer, que c'est toûjours le dernier ♭-mol qu'on doit appeller Fa. Pour bien concevoir tout ce que dessus, regardez les Exemples qui sont cy-dessous, & ceux de la page suivante.

EXEMPLES.

AUTRES EXEMPLES.

pour les Transpositions qui se font avec des ♭-mols.

G ré sol, Tierce mineure. Clef qu'il faut se representer.

C sol ut, Tierce mineure. Clef qu'il faut se representer.

F ut fa, Tierce mineure. Clef qu'il faut se representer.

B fa si ♭-*mol*, Tierce mineure. Clef qu'il faut se representer.

CANTIQUE

PREMIER COUPLET.

mes iniqui- tez Dont le fleuve débor- de : de :
6
doucement.
6
BASSE-CONTINUE.
Pardon, Pardon, divin Sau- veur, Reçoi les regrets de mon
6
Reprise.
BASSE-CONTINUE.

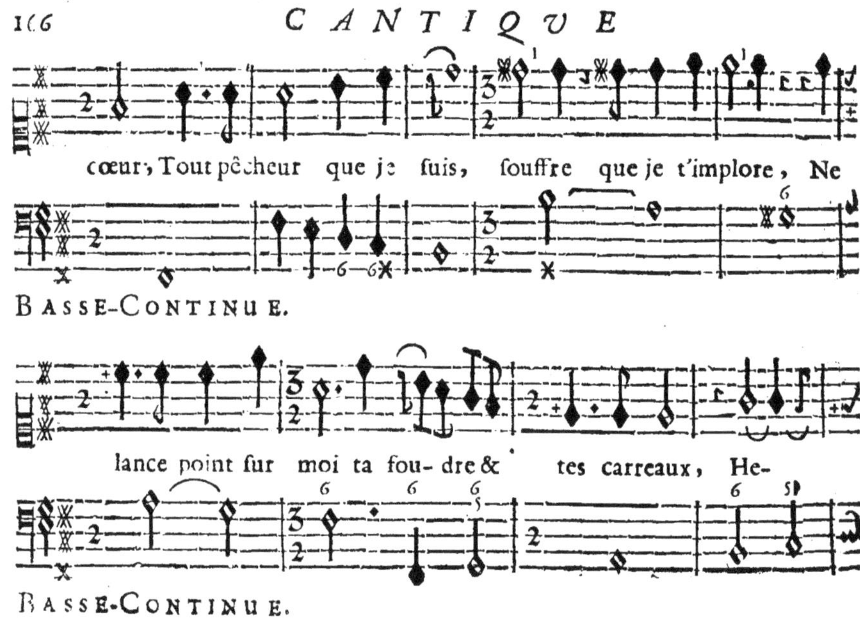
cœur, Tout pêcheur que je suis, souffre que je t'implore, Ne
BASSE-CONTINUE.
lance point sur moi ta fou- dre & tes carreaux, He-
BASSE-CONTINUE.

las tous mes pêchez font autant de bourreaux Dont la cruau-
BASSE-CONTINUE.
té me dé- vo- re. Pardon. re.
BASSE-CONTINUE.

SECOND COUPLET.

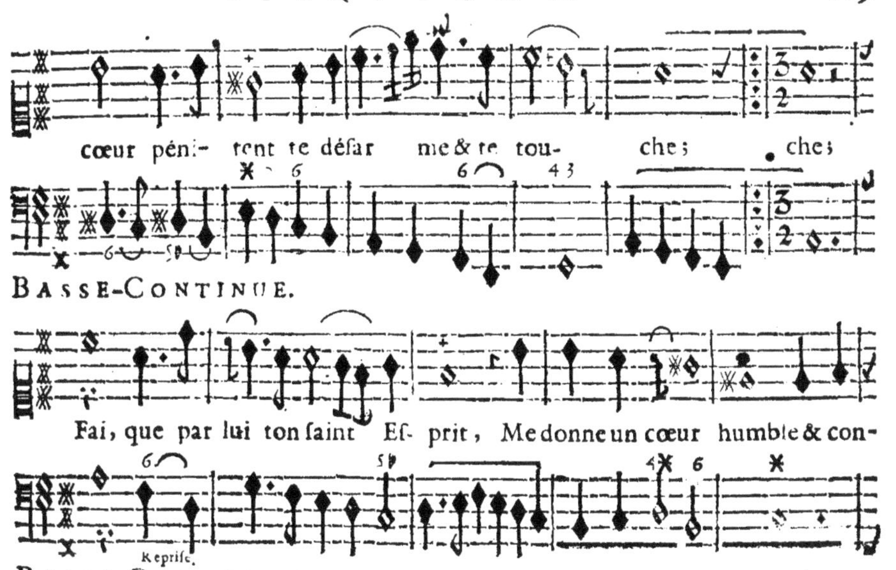
cœur péni- tent te désar me & te tou- che ; ches
BASSE-CONTINUE.
Fai, que par lui ton saint Es- prit, Me donne un cœur humble & con-
Reprise.
BASSE-CONTINUE.

trit Qui me rende à jamais digne de ta clemence, Tu détrui-
BASSE-CONTINUE.
ras en moi ces Monstres, ces Vautours, Et je ferai, Sei-
BASSE-CONTINUE.

gueur, le reſte de mes jours, Une ſin- cere pé- niten-

BASSE-CONTINUE.

BASSE-CONTINUE.

FIN.

TABLE.

AIRS A CHANTER.

FIN.

AIRS A JOUER.

Fin de la Table.

TRAITEZ ET INSTRUCTIONS DE MUSIQUE.

Gamme du *Si* par M. NIVERS. 5. s.

Principes par Demandes & par Réponses. 10. s.

Leçons de M. BERTHET. 15. s.

Nouveaux Principes pour la Musique & la propreté du Chant, par M. l'AFFILLARD, *Ordinaire de la Musique du Roy*, dediez à Monseigneur le Duc de Bourgogne, nouvelle Edition. 1. liv. 10. s.

Carte qui traite des Principes de la Musique, par M. FLEURY. 2. liv.

Traité des Transpositions de Musique, servant de supplément à toutes les Methodes par Monsieur FRERE. 1. liv. 10. s.

Traité de Composition par M. NIVERS. 1. liv. 10. s.

Autre Traité de Composition, par lequel on apprend à faire facilement un Chant sur des paroles, &c. Par CLAUDE MASSON. 2. liv. 10. s.

DICTIONNAIRE DE MUSIQUE, &c. avec un Catalogue de plus de 900. *Auteurs.* qui ont écrit, &c. Par M. DE BROSSARD, Ch. de M. *In-fol.* 9. l.

ATTRIBUTION DE LA CHARGE de ſeul Imprimeur du Roy pour la Muſique.

PAR Lettres Patentes du Roy données à Fontainebleau le cinquiéme jour du mois d'Octobre, l'An de Grace mil ſix cent quatre-vingt-quinze, Signées LOUIS ; & ſur le replis, Par le Roy, PHELYPEAUX ; Scellées du grand Sceau de cire jaune : Confirmées par Lettres de Surannation, données à Marly, le vingt-huitiéme May mil ſept cent quinze, Signées comme deſſus : Toutes leſdites Lettres Verifiées & Regiſtrées en Parlement le 7. Juin 1715. Il eſt permis (à J-B-Chriſtophe Ballard, Seul Imprimeur du Roy pour la Muſique, & Noteur de la Chapelle de Sa Majeſté,) d'imprimer, Faire imprimer, Vendre, & Diſtribuer toute ſorte de Muſique, tant Vocale qu'Inſtrumentale, de quelque Auteur ou Auteurs que ce ſoit ; avec tres-expreſſes inhibitions & défenſes à tous Imprimeurs, Libraires, Tailleurs & Fondeurs de Caracteres, & autres perſonnes generalement quelconques, de Tailler, Fondre, ni contrefaire les Notes, Caracteres, Lettres griſes, & autres choſes inventées par ledit Ballard ; n'y d'entreprendre ou faire entreprendre ladite Impreſſion de Muſique, en aucun lieu de ce Royaume, Terres & Seigneuries de l'obéïſſance de Sa Majeſté, nonobſtant toutes Lettres à ce contraires ; ſans le congé & permiſſion dudit Ballard ; A peine de confiſcation des Livres ou Exemplaires, Notes, Caracteres & autres Inſtruments ſervant au fait de ladite Impreſſion de Muſique, & de ſix mille livres d'amende ; Ainſi qu'il eſt plus amplement declaré eſdites Lettres : Sadite Majeſté voulant qu'à l'Extrait d'icelles mis au commencement ou fin deſdits Livres imprimez, foy ſoit ajoutée comme à l'Original.

www.ingramcontent.com/pod-product-compliance
Ingram Content Group UK Ltd.
Pitfield, Milton Keynes, MK11 3LW, UK
UKHW020558180726
13838UKWH00001B/315

9 782329 373126